Yazar Hakkında

Klinik Psikolog Serdar Vatansever'in pandemi sonrası sosyal medya hesaplarında yayımladığı pratik psikoloji videoları kısa süre içerisinde milyonlarca kişiye ulaştı. Psikoloji bilimi hakkında eğitici içerikleri sosyal medya platformları tarafından eğitici alanlarda ödüllere layık görüldü. Meslek hayatı boyunca üniversitelerde ve çeşitli organizasyonlarda bilimsel toplantılar ve sunumlar yaptı. Uluslararası projelerde bulundu. Türkiye'nin çiftlerle alakalı ilk kutu oyunu olan "Aşk Olsun"u geliştirdi. Tedx konuşmalarına katıldı. Birçok ulusal kanalda psikoloji içerikli TV projelerinde bulundu. Şu an çalışmalarını kurucusu olduğu SVakademi çatısı altında sürdürmektedir. Psikoloji bilimine dair eğitici içerikleri oluşturmaya devam etmektedir.

@psikologserdarvatansever

@psikolojik.men

@SerdarVatansever

www.serdarvatansever.com

DESTEK YAYINLARI: 1853
KİŞİSEL GELİŞİM: 332

SERDAR VATANSEVER / ARTIK KENDİN İÇİN

İmtiyaz Sahibi: Destek Yapım Prodüksiyon Dış Tic. A.Ş.
Genel Yayın Yönetmeni: Ertürk Akşun
Editör: Özlem Esmergül
Kapak Fotoğrafı: Ege İşlek
Kapak Tasarımı: Sedat Gösterikli
Sayfa Düzeni: Cansu Poroy

Destek Yayınları: Ocak 2024 (10.000 Adet)
11.-12. Baskı: Mart 2024
13.-14. Baskı: Mayıs 2024
15. Baskı: Ekim 2024
16. Baskı: Şubat 2025
17. Baskı: Eylül 2025
Yayıncı Sertifika No. 43196

ISBN 978-625-6608-22-1

Abdi İpekçi Caddesi No. 31/5 Nişantaşı/İstanbul
Tel. (0) 212 252 22 42
Faks: (0) 212 252 22 43
www.destekdukkan.com
info@destekyayinlari.com
facebook.com/DestekYayinevi
twitter.com/destekyayinlari
instagram.com/destekyayinlari

Deniz Ofset – Çetin Koçak
Sertifika No. 77699
Maltepe Mahallesi
Hastane Yolu Sokak No. 1/6
Zeytinburnu / İstanbul
Tel. (0) 212 613 30 06

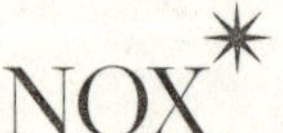

Uzman Psikolog
SERDAR VATANSEVER

ARTIK KENDİN İÇİN

Kendiyle ilişkisine baştan
başlamak isteyenlere...

İÇİNDEKİLER

Her uçuk fikrimde beni yüreklendirip hep destek olan canım anneme,
beni mantığa davet eden canım babama, canımdan parça olan
biricik ablama ve gelecek ilişkilerinde "kendi olmak için" dayısının
kitabından faydalanacak bir tanecik yeğenime
ve kendim olduğumda benimle kalanlara...

GİRİŞ

Gerçek bir terapi, danışanın "Artık kendim için..." dediği noktada başlıyor. Mesleki olarak senelerce gözlemlediğim şeylerden biri de şu:

Hayatımızdaki rolümüzü kendi önümüze koyana kadar birçok kişinin hayatımıza etkisiyle uğraşıyoruz. Hatta bunları düzeltmeye çalışıyoruz. İşin sonunda yorulmuş, yılmış, bıkmış bile olsak yine kendimize çıkıyoruz. Bu kitap, ilişkilerini kendin gibi yaşamana, sağlıklı bir ilişki kurmana, sağlıksız ilişkilerden çıkabilmene, çıktığında hangi yolu izlemen gerektiğine, kendin olmanı engelleyen düşüncelere ve en önemlisi ilişki kurduğun insanla daha iyi anlaşmak için kendini anlamana yardımcı olacak. Bu kitap seninle ilgili ve hayatının bir yerinden yakalayacak.

HİKÂYENİ SEÇ

Bir psikolog açısından iyi bir terapi seansı, danışanın kendi seçtiği hikâyeyle başlar. Dolayısıyla ben de bu kitabı senin dilediğin yerden konuya girebileceğin şekilde tasarladım. İstediğin yerden başlayabilirsin.

Bu kitap seni çocukluğuna gönderip travmalarınla yüzleşmeni, onlarla hesaplaşmanı amaçlamıyor, bunu yapabileceğin oldukça başarılı kitaplar var. Bu kitabın hedefi başka... Geçmişe gitmek yerine hemen şimdi günlük yaşamında değiştirebileceğin, üstelik değiştirdikten sonra etkisini çok kısa süre içerisinde hissedebileceğin ince ve etkili ayrıntılardan bahsedeceğim, aklını hazırlayacağım. Hayatın içinde başa çıkamadığını düşündüğün konularla ilgili dilediğin zaman bu kitaba geri dönüp, ne istediğini bulabilir ve neden böyle hissettiğini anlayabilirsin.

Kitabın ismi olarak *Artık Kendin İçin* ifadesini kullanırken "Hayatı sadece kendin için yaşamalısın" gibi bencilce bir düşünceyi kastetmiyorum. Bu fazla ütopik ve çok yorucu. Sana herkesi yenebileceğin bir sır da vermeyeceğim. Çünkü bunu arıyorsan seni bekleyen daha iyi bir hayatı onlarla savaş içerisinde geçiriyor olabilirsin. Fakat işine daha çok yarayacak bir yol biliyorum! Mesleki gözlemlerim sonucunda artık kendi için yaşamayı seçen insanların çoğu:

- Geçmiş yaşantılarının geleceğini engellemesine izin vermeyen
- İlişkilerini daha sağlıklı temellere kurmanın yollarını öğrenen
- Sevilmek istediği için her şeyini adayıp kendini yok etmeyen
- Anlaşılmak isterken yıpranmayan
- Ayrılmalı mıyım ayrılmamalı mıyım seçenekleri arasında kalmayan
- İstemediği şeylere göz yummayan
- Ve her şeye yeniden başlayabilen insanlar...

Hangisi olursan ol, neye dönüşmeye ihtiyaç duyuyorsan bu kitabı o niyetle oku çünkü birazdan bu kitaptaki kelimelerin senin ruh haline göre değiştiğine şahit olacaksın.

BU KİTAPLA KONUŞ, KİTABA SORU SOR!

Bir psikoloğun seni kitaplarla konuşturması biraz ironik biliyorum ama arkasında çok mantıklı bir açıklaması var: **Dünyaca ünlü İsviçreli psikoanalist Carl Gustav Jung evindeki cam eşyalarının sıklıkla kırılmaya başladığını fark eder ve sağlam kalanlarla konuşmaya başlar. Kendileriyle konuşulan cam eşyalar artık kırılmazlar.**

Bu bilgiyi ilk öğrendiğimde ben de senin gibi şaşkınlık içindeydim, fakat konunun aslında ne olduğunu sonradan anladım. Eşyalarla konuştuğumuzda onlara karşı dikkatimizi ve farkındalığımızı artırmış oluyoruz aslında. Yani Jung cam eşyalarla değil, kendiyle konuşmuştu. **Dolayısıyla kiminle konuşuyorsak kendimizle konuşmaktayızdır.**

Aynı şekilde bu kitapla da sana yardım etmesini istediğin bir konunun penceresinden konuşmanı istiyorum. Böylece zihnin kitabın sana vereceği karşılığı şekillendirecek. **Hadi bir deney yapalım.**

Diyelim ki bu kitaba baktın ve bir ümide ihtiyacın olduğunu söyledin ona. Sonrasında şöyle bir cümle çıktı karşına:

HER ŞEY GEÇECEK. *(Ne mutlu ki)*

Daha sonra zamanı yakalayamamak konusunda kaygılı olduğun duygusunu yansıttın kitaba diyelim. Bir de baktın ki aynı cümle tekrar karşında:

HER ŞEY GEÇECEK. *(Ne yazık ki)*

Farkındaysan aynı iki cümle bambaşka iki şey söylüyor sana. Biri, her kötü durumun geçici olduğu anlamını taşırken, diğeri sahip olduklarının bir gün yok olacağı anlamına geliyor. Yani bir eşyayla konuştuğunda o değişmiyor, sen değişiyorsun. Bu yüzden başlamadan evvel, elindeki kitabın sana ne vermesini istediğini kendine söyle.

YILLARCA BUNA MI İNANDIK!(?)

Şimdiye dek ilişkiler hakkında pek çok tavsiye ya da taktik duyduğuna eminim, hatta bazıları maalesef çekişmeli bir oyunun kuralları gibi adeta. İlişkinde başkasının kararlarını ya da kurallarını uygulamaya başlarsan, kendi hikâyeni yazan kalemi bir başkasının eline veriyorsun demektir.

Dikkatli ol!

Bu bölüm ilişkilerinin gidişatını yazan kalemi, kendi elinde nasıl tutabileceğini göstermeyi hedefliyor. Görünürde işe yarayan fakat gittikçe ilişkiyi içinden çıkılmaz bir satranç oyununa çeviren taktiklerden bahsedeceğim. Çağımızda çoğu kişisel gelişim yazarları, insanın başkası tarafından daha çok sevilmek için kendinden çıkması gerektiğini, birtakım taktikler uygulamasının etkili olduğunu, mesela kovalanmak için kaçmak gerektiğini öneriyor ama aynı kişiler kendini sevmekten de bahsediyorlar.

Bu meselenin üzerine uzun uzadıya düşündüğümde tıpkı senin gibi çelişkiler içerisinde kalıyorum. Kendim gibi olsam ilişki yürümüyor, taktik yapsam ilişki oluyor ama bu kez de ben, ben gibi olmuyorum. Demem o ki pazarlanan bilgilerin çoğu, aslında senin, benim, bizim başarısız olduğumuza işaret ediyor, dolayısıyla insanı yetersiz ve eksik hissettiriyor. Bu yüzden konuya klişelerden girelim ve devam edelim.

"İdeal ilişki,
her iki
insanın da
yaşamını
sürdürmesi
için bu ilişkiye
muhtaç
olmadığı zaman
kurulandır..."

– Irvin D. Yalom

KLİŞELER VE HATALI DÜŞÜNCE KALIPLARI

İlişkilerle alakalı en yaygın düşünce kalıplarından bahsedeceğim sana. Bazı insanlar birazdan okuyacaklarının doğruluğunu derbi maçına çıkmış bir defans oyuncusu kadar hiddetli savunabilirler. Mesela çoğu, çok değer verenlerin terk edildiğine veya güçsüzlüklerini belli ederlerse değer görmeyeceklerine inanırlar. Onları bu tepkiyle tanırsın.

"Ama gerçekte böyle olmuyor mu?"

Olmuyor!

Birlikte olduğu insana çok değer verenler hep terk edilseydi dünya üzerinde ilişki kalır mıydı?

Sanmıyorum.

O halde bu yaklaşımın içindeki mantık hatasını düzeltelim hemen.

"Değer verdiğim için gitti" yerine **"Sınırlarımı savunmadığım için, kendime bir şey bırakmadığım için, kendimden hiç bahsetmediğim, ihtiyaçlarımı hiç önemsemediğim ve sadece onun isteklerine yoğunlaştığım için gitti"** diyebilirsin mesela. Sorun değer vermende değil, nasıl değerli hissettirdiğinde.

Hadi başlıyoruz:

(Kim demiş!)
SEVEN KISKANIR

Hadi canım!

Seven sahiplenir ve sahiplendiği şey karşısındaki kişi değildir, ilişkisidir. İlişkisine saygı duyan, kendisine de sahip çıkabilir.

Kıskançlık, karşındakini kısıtlayıp tanıdığın halinden başka bir şeye dönüştürme çabasıysa bunun adı sevgi değildir.

"Bir insanı sevmek onun
değerini sevmektir."
– Engin Geçtan

(Kim demiş!)
SEVDİĞİNİ BELLİ ETMEYECEKSİN

"Sevdiğini belli etmeyeceksin" klişesi neredeyse bir atasözü kadar kuvvetli biçimde yerleşmiştir dilimize ama söylemek zorundayım ki sevmiyormuş gibi davranmak ve belli etmemeye çalışmak, gerçek bir zulüm!

Söyledikleriyle mimikleri tutmayan ucuz dizi oyuncusundan hallice bir performans da gerektiriyor tabii. Lakin sonuç olarak kaybedeceğinden korktuğun şeyi genellikle kaybedersin.

Korkmamak mümkün mü?

Yeteri kadar kırılmamış bir ruh, kaybedeceği başka şeylerden yara almaktan korkar. Kaybedeceğinden korkmak, bir tür değer verme biçimidir. Kaybetmekten korkmadığımız şeylere değer vermiyoruz. Bu yüzden korkmamak bazen değer vermeyi bırakmak anlamına geliyor. Değer vermediğin bir ilişki için neden vakit harcayasın?

Hislerini, düşüncelerini belli etmemek için istediğin kadar uğraş, sustuğun her şey bir şekilde bir yerlerden fışkırır. Kontrol edemezsin. Hatta psikolojinin babası Freud da konuyla ilgili şöyle der:

"İfade edilmemiş duygular asla ölmez, sadece diri diri gömülür ve sonradan daha korkunç şekillerde tezahür ederler."

Sevilmek kadar sevme ihtiyacı da tıpkı yediklerini doğal yollarla çıkarma ihtiyacı kadar insani ve elzemdir. Bunda utanacak bir şey yok yani. Sevme ihtiyacını da tabii ki yaşadığın ilişkinin içinde karşılarsın. İlişkin, sen kendini kendin gibi yaşadığın için bitiyorsa, tabii ki acı çekersin. Acı çektiğin için değişmek zorunda kalırsın ve artık dönüştüğün kişi sen değildir, yeni SEN'dir. Fakat şunu da unutma olur mu? Maymunlar arasında ağaca tırmanması istenen balık olabilirsin. Balık denize atlasa harika yüzecektir fakat takdir edilmek için tırmanması bekleniyordur. Karşındaki insan sevginden anlamıyorsa, sevmekten mi vazgeçeceksin? Hiç tavsiye etmem.

"Kötü bir resim asarım
korkusuyla hiç resim
asmadım,
kötü yaşarım korkusuyla
hiç yaşamadım."

– Oğuz Atay, *Tutunamayanlar*

Not: İstemiyorMUŞ gibi yapmak bastırılmış arzulardan kaynaklı krizlere dönüşür. Fark etmeden kızmaya başlarsın. Karşı taraftan ne istediğin anlaşılamaz ve tutarsızlık başlar. Hem nerede olduğunu çok merak edersin hem de hiçbir şey sormazsın. Ayrıntılarla ilgilenirsin ve kendi kendine sonuçlar çıkarırsın. Bu yüzden küçük eğlenceli oyunlara katılıyorum ama hislerinin kapağını da fazla zorlama derim.

(Kim demiş!)
GÜÇLÜ İNSANLAR AYRILIK ACISI ÇEKMEZ

Güçlü insanların ayrılık acısı çekmediği, ayrılıkların sadece zayıf insanları vurduğu klişesine canla başla katılan insanlar, doktorların hiç hasta olmadığını, aşçıların acıkmadığını, psikologların kendilerini hiç kötü hissetmediğini de düşünüyor olabilirler.

"Zayıf insanlar ayrılık acısı çeker" klişesi tamamen yanlış.

Bir ilişkiyi hakkını vererek yaşadıysan, ayrılık acısı çekersin. Terapilerde şahit olduğum en güçlü kişilikler ayrılık acısı karşısında güçsüzleşmeyi kabul edebilecek kadar kuvvetli olanlar. Manzarayı seyretmek için ne kadar yukarıya çıkarsan, düştüğünde canının acıma ihtimali o kadar artar. Ancak bu riski alabilenler manzarayı diğerlerinden daha farklı bir açıdan seyredebilmeyi hak ederler. Kısaca **kayıplarının arkasından yas tutmuyor olman senin güçlü biri olduğunu göstermez.** Aksine insani duygularından kaçtığını gösterebilir. Unutma ki yas süreci sadece ağlayarak veya depresyon hali içindeyken geçmez. Günümüzde çoğu insan depresyonunu kahkahalarının arkasına gizleyerek geçiriyor.

Ayrıca ayrılık acısı sadece romantik ilişkilerle ilgili değildir. İnsanoğlu çevresinde sahip olduğu, etkileşime geçtiği her şeyle bir ilişki kurar. Bu yüzden ayrılık yaşadığın her şey, sende küçük veya büyük bir etkiye yol açar.

SEVEN İNSAN HER ŞEYE KATLANIR MI?

Seven insan, psikolojik olarak sağlığını kaybediyorsa her şeye katlanmaz. Hatta bir zaman sonra katlandığı şeyleri bile hissedemez hale gelir. Kirpinin dikenlerine katlanmak zorunda kalarak onunla ilişki yaşayan yaralı kedi, kan revan içindeyken ilişkisinin gerekliliklerini yerine getirebilir mi?

Hayır!

İşte tam da bu yüzden seven her şeye katlanmamalıdır. Bunu karşısındaki kişi için de yapmalıdır çünkü katlandıklarından sonra dönüştüğün kişi ilişkiye zarar verir. Unutma ki **bir ilişkide kendini koruyabildiğin kadar var olursun**.

Dikkat et:

Katlandığın için sevdiğini zannedebilirsin. İnsanlar emek verdiği şeye değer verirler. **İlişkine değil de emeğine kıyamıyor olabilirsin.** Burada emeği ilişkiye verdiğin için onu haklı ve doğal olarak daha zor bırakan taraf sen olabilirsin.

"Hastalıklı olmayan sevgi iki insanın karşılıklı narsisizmine dayanmaz. Hastalıklı olmayan sevgi, kendilerini iki ayrı varlık olarak algılayan ama genelde birbirleriyle açılıp bütünleşen iki kişi arasında kurulan sürekli bir ilişkidir."

– Erich Fromm, *Sevginin ve Şiddetin Kaynağı*

İYİ BİR STRATEJİSİ OLAN AŞKTA KAZANIR MI?

Strateji yaparak birini yanında tutabilirsin, evet!

Hatta stratejilerinin düşündüğünden bile fazla işe yaradığını da görebilirsin. Arama arasın, kaç kovalasın... Kovalanmak için birinden kaçıyorsan belki de ilişki yaşamak değil koşu yarışı yapmak istiyorsundur.

Diyelim ki tartıştınız ve sen strateji yapmaya karar verdin, özür dilemesini istiyorsun. Bir süre karşındaki insanı görmezden gelerek istediğin çoğu şeyi ona yaptırma şansın yüksek. Ancak buraya dikkat et! Hatasını onarmak için özür dilemedi senden, asık yüzüne karşılık vererek bu gerginliğin sonlanmasını hedefliyor sadece. Yani belki de samimi olarak düzeltebildiğin bir şey yok. Bu yüzden senin yüzünü asmana neden olan davranışlar hep tekrarlanacak. Çünkü neden değil, sadece sonuç düzeltildi.

Strateji yaparak onu yanında tutabilir misin bilmem ama ilişkini olmadığın biri gibi yaşayarak kendini kaybedebilirsin.

Bazen sosyal medyama çok soru geliyor. İlişki isteyip istemediği konusunda çok kararsız, ne yapacağını bilmiyor... Ben biliyorum, cevabı kabul et:

Belirsizlik her zaman kabul edilemeyen bir HAYIR'dır.

"Kimin yanındaki 'sen'i seversen onu seversin."

NEDENLER ANLAŞILMADAN HATALAR ANLAŞILMAZ

Bir çocuğa yaptığı hataları söylediğinde karşılık olarak seri bir şekilde "Özür dilerim" cevabı alıyorsan, söylenen özürden şüphe duyabilirsin. Çünkü özür dilemenin iki anlamı vardır: 1. Tamam artık beni rahat bırak. 2. Ne yaptığımı anladım.

Eminim çoğu kişi, ikinci anlamın gerçekleşmesini bekler. Bu yüzden tartışmaları ve konuşmaları özürlerle kapatma, kapattırma. Anlaşıldığını hisset, hissettir.

DOĞRU KELİMELERİ BOŞ VER

Psikolog olmadan önce her şeyin konuşarak halledilebileceğine inanırdım fakat gün geçtikçe olayları halleden, konuları çözen, insanları anlaştıran tek gerçeğin davranışlar olduğunu anladım. Konuşarak anlaşamayan çok insana şahit oldum. Hatta sonrasında bir yerlerde okudum, şöyle bir şey yazıyordu konuyla ilgili:

Doğada, konuşabilmesine rağmen anlaşamayan tek varlık insandır.

Hoşuma giden bir tanım. Gelelim davranışlarla nasıl anlaşacağımıza:

Örneğin: Sana birinci uyarından sonra istemediğin gibi davranan (bekletme örneğini kullanalım) birinin karşısına geçip söyleyebileceğin seçenekler şunlardır:

1. Beni bekletme! *(Olumsuz yönlendirme)*
2. Buluşmamıza zamanında gel! *(Olumlu yönlendirme)*
3. Seçenek *(yani benim favorim)*:

Davranış karşılığı: Öncesinde karşındaki insana kendini birçok kez anlattığın ve onu bu konuda uyardığın halde buluşmalara zamanında gelmemeyi artık alışkanlık haline getirmiş birini sözlerle düzenleyemezsin. O bu davranışına devam ediyorsa eğer, sende değişen bir şeylere şahit olmalıdır. (Trip atmaktan bahsetmiyorum, o da olumsuz yönlendirmelere giriyor.)

Mesela bir sonraki görüşmeye katılmamak, vaktinde kalkmak, başka bir işinin başlama vaktini esnetmeyerek görüşmeyi tam zamanında bitirmek gibi davranışsal karşılıkların problemi kökünden çözeceğinden emin olabilirsin. Sonuç olarak olumlu veya olumsuz davranışların karşılıklarını ver.

"Davranışlar sözlerden daha yüksek sesle konuşur."

KAÇAN KOVALANIR MI?

Kaçan her zaman kovalanır.

Evet, doğru ama koşu yarışlarında...

İşin aslı şu!

Kaçan kişi belki de gitmiştir ama kaçıyor olduğunu düşünmek kovalayana iyi geliyordur. Yani burada giden kişi belki de kovalanmak istemiyor olabilir. Belki kalan kişi ilişkinin devam ettiğini zannetmek için kovaladığını düşünüyordur. Bu yüzden hiçbir zaman kimse kaçmamıştır çünkü isteyen insan kaçmaz, istese de kaçamaz. Kovalayanın sanrılarıdır bunlar.

"Gidenin acısı dönemeyeceğini anladığında başlar, kalanın acısı ise suçu gidene attığında biter."

Psikolojik bağlamda bir bilgi: **Küçük şeylere büyük tepkiler veriyorsan tetikleniyor olabilirsin.**

Bir tepki olaydan büyükse tetiklenmiş olabilirsin. Ben buna başka bir deyişle "duygusal-hatırlatıcılar" diyorum. Müşterisi olduğun bir işyerinde patronun çalışanını uyarması, ailenle alakalı içinde bir yerlerde senelerdir çözmeye çalıştığın bir duyguyu hatırlatmış veya tetiklemiş olabilir. Derdini kimseye anlatamadığın bir günün ardından evde yere düşürüp kırdığın bir bardak bile büyük duygusal tepkilere sebep olan bir tetikleyici olabilir.

Duygusal tetikleyicileri fark etmek için şu cümlelerin hangisinden daha fazla rahatsız olduğunu numaralandırabilirsin?

- "Ee ne zaman evleniyorsun?"
- "Sen de her şeyi çok abartıyorsun!"
- "Sen beceremezsin bunu boş ver!"
- "O öyle olmaz. Bırak bana."

"Bir şeyden kaçan bir insan
başka bir şeye koşmaktadır."

– Michael Blint

İLİŞKİ SEÇİMİ MESELESİ
-Çikolatalı gofret mi, brokoli mi?-

Bir çocuğa brokoli ve gofret uzatsan sence hangisini alır? Biliyorum hepimiz tahmin edebiliyoruz. Tabii ki paketini açıp keyifle bitirebileceği küçük bir çikolatalı gofreti seçerdi! *(Ben de onu seçerdim.)*

İlk bakışta çocuğu çok heyecanlandıran bir gofretle, "Yese daha iyi olur" dediğimiz bir brokolinin çocuğun üzerinde yarattığı duyguya odaklanalım lütfen. Onun açısından biri heyecan, diğeri ise zorunluluk değil mi?

Gofret daha tatlı ve çabuk tüketilebilir fakat brokoli belki daha tatsız ama literatüre göre de daha faydalı bir seçenek. Biz de ilişki seçimlerimizde bizi tıpkı gofret gibi mutlu edecek insanları tercih etmeye meyilliyizdir. Ortamdaki gofretleri hemen ayırt ederiz.

Aşağıda sıraladığım şartlara kesinlikle dikkat etmek lazım:

Birine karşı:

- İlk görüşte çocuğun gofreti gördüğünde duyduğu heyecanı duyuyorsan
- Duygu durumun aşırı yükseldiyse, aşk kulesinin çanları çalıyorsa
- Onu hemen elde etmek istiyorsan, aklından çıkaramıyorsan, beynin seni karşındaki kişiye odaklanman için

ikna etmeye çalışıyor olabilir. İleriki aşamalarda ilişkinin tadı güzel gelse de içten içe sağlığını kaybetme ihtimalin yüksek.

Kendin için her zaman sağlıklı seçimler mi yapmalısın? Tabii ki hayır. Canın sadece tadını beğendiğin bir şeyi çekmiş olabilir. Fakat bir gofretten brokoli faydası beklememen için yazıyorum bu satırları. Çünkü çoğumuz ihtiyacımız olan şekilde algılıyoruz karşımızdakini. Duygusal ve hormonal etkilerse görüş açımızı kısıtlıyor. Mehmet Zihni Sungur'un çok güzel bir lafı vardır: **"Aşk tedavisi evlilik olan bir görme kusurudur."** Duygusal olarak ani şekilde yükseldiğimiz zamanlarda aklımızda tutmamız gereken bir cümle bence.

Buradan çıkan sonuç:

- Aniden kapıldığın ilişkilere dikkat.
- İlk bakışta çekici gelen kişilerle aynı senaryoları yaşayabilirsin. İlişkinden ne beklediğine dikkat et.
- Belki de brokoliye alışmak için biraz yoğurt veya başka soslar da denemelisin. Alışkanlıkların arzuladıklarına dönüşebilir. Brokoliye şans ver. *(Bu bir metafordur.)*

Psikolojik bağlamda küçük bir bilgi: Beslenme biçimini değiştirerek ilişki seçimlerini etkileyebilirsin. Yeme düzenindeki çabuk tüketilebilir şeyleri azalttığında, isteklerine karşı kontrol sahibi olmuş olursun. Mesela fazla abur cubur tüketen insanlar diğerlerine göre daha sabırsızdırlar. Sabırsız insanlar ise seçimlerini arzularına göre yapmaya meyillilerdir. Sadece arzuların yönettiği bir ilişki çabuk tüketileceğinden eski çekiciliğini kaybedebilir veya yeni arayışların yolunu açabilir.

Bunu kullanabilirsin: Alışveriş bağımlısı kişilerde, öfke patlamaları, sabırsızlık, dürtü kontrolü ve en önemlisi sabır konusunda çok işe yarayan basit bir teknikten bahsedeceğim. **Chopstick yöntemi.** Yukarıda bahsettiğim gibi bir şeyi tüketme şeklin hayatının diğer kısımlarındaki duyguları da tüketme şekline çok benzer. Öfke patlamalarıyla öfkesini kontrolsüz derecede hızlı saçan birinin yemeğini de hızlı yemesi olasıdır. Amaca hemen ulaşmak, kendini hemen anlatmak, duygusunu hemen ifade etmek üzerine sabırsız olabilirler. Bu yüzden yemekleri tüketirken Uzakdoğu'da kullanılan chopsticklerden kullanabilirsin. *(Kesinlikle bir sabır testi.)* Yeme biçimini yavaşlatmak, tüketimi kontrollü bir hale getirmek, emin ol duyguların ifadesinde de kontrole ve yavaşlamaya yol açacaktır.

"Aşk, bulunabilen bir şey
değildir; buluntu bir nesne
ya da hazır bir şey de değildir.
Her gün, her saat sürekli
olarak yeniden yapılması
gereken, daima diriltilmesi,
teyit edilmesi, özen gösterilip
ilgilenilmesi gereken bir
şeydir."

– Bauman, *Yaşam Sanatı*

SUÇLAMA, DEĞİŞTİR

Sadece karşı tarafı suçlayan insanlar asıl sorunun "ilişkide" olduğunu kabul edemezler. Biliyorum bunu kabul etmek çok da kolay olmaz çünkü karşı tarafı suçlamak sorumluluğu ona yükler, fakat hedefe ilişkiyi koymak, sorumluluğu iki tarafa da yükler. Kabul edelim ki bu bir cesaret meselesidir. Diğer türlü karşı tarafın kendisini değiştirmesi/düzeltmesi için bekler durursun.

Kabul et ya da etme, bir ilişki iki kişiyle yaşanır *(yani öyle umuyorum)*.

Sonuç olarak ses çıkarmadığın/çıkartamadığın çoğu şeyi bir noktada kabul etmiş oluyorsun. Bir şeyleri değiştirmek istiyorsan sorumluluğu biraz da üzerine almakla işe başlamalısın.

"Yaşamak, kendisi olabilmeyi
ve yaşama etkin bir biçimde
katılabilmeyi tanımlar.
Bu, insanın kendi sorumluluğunu,
bir başka deyişle, hayatına anlam
katma sorumluluğunu içerir.
Sorumluluğunu üstlenen kişi
özgürdür. Özgür insan daha az
korkar, onun için sevebilir!"

HERKES NORMALSE NEREDE BU NARSİSLER?

İlişkisinde mutsuz olan çoğu insan, bulabildiği en popüler kavrama yaslanmayı seçiyor son zamanlarda. Çağın popüler kavramlarından biri narsisizm. Google'da narsislerin özelliklerini aratma oranlarına bakılırsa oldukça fazla. Herkes narsis avındaysa, kim bu narsisler?

Bütün mesele karşı tarafın narsisliğindeymiş gibi. Sanki karşısındaki kişi narsis olmasa, kendini daha değerli hissedecek. Toksik bir düşünce yapısı bu. Meslek hayatım boyunca insanların, yaşadıkları ilişkiler içindeki sorumluluklarını almalarından yana oldum, hâlâ aynı fikirdeyim. O yüzden hep şu soruyu soruyorum:

Her olayda sadece kendisinin haklı olduğuna inanan ve bunu kayıtsızca savunan biriyle tartışmaya devam etmek kimin sorunudur?

Bu tıpkı dilini bilmediğin biriyle tartışmak gibidir. Konuşmaya devam etmek, ses yükseltmek, başka cümleler kurmak kadar anlamsız. Bu tip durumlarda konu tartışmaktır, çözmek değil. Fakat şu ayrıntıyı kaçırma: **Herkes karşısındakini iyi olduğu konuya çeker.** Biri çözüm sunmak konusunda iyiyse, sunar. Bağırmak konusunda "yetenekliyse" kavgaya tutuşur.

Not: O kabul etmediği sürece sen anlaşılmadığını hissetmeye devam edeceksin. Yani şundan bahsediyorum. Değersiz hissetmene sebep olan onun davranışları değil. Senin onun davranışlarına ver(e)mediğin karşılıklar/sınırlar.

"Bir insanın en büyük hatası başkalarına gereğinden fazla değer vermek değil, kendine hak ettiğinden daha az değer vermektir."

– Gabriel García Márquez

Narsisler, BEN DE VARIM demezler, SADECE BEN VARIM derler. Narsis, kendini çok seven değildir, kendi değerini başkaları üzerinde kurduğu üstünlük performansıyla ölçendir. Beslendikleri türden ilişkileri tercih ettikleri için kendilerine ihtiyaç duyan insanlarla ilişki geliştirirler. Bu da özgüvensizliklerini saklama yöntemleridir. Kendini gerçekten seven insan, değer verdiklerini de yüceltir.

Narsis neden çekicidir?

Burası son derece önemli bir nokta. Çünkü kendine söyleyemediklerini başkasından duymak istiyor olabilirsin...

Sana soruyorum, önemli bir yere gideceksin, kıyafet konusunda hangi arkadaşına danışırsın? Seni kıramayacak kadar naif ve sevdiği için eleştiremeyeceğini düşündüğün birine mi? Yoksa ne düşündüğünü çatır çatır yüzüne söyleyebilecek, zor beğenen birine mi?

İkincisi değil mi?

Çünkü orada iyi hissettirilmeye değil, doğru cevaba ihtiyacın var. Öte yandan "Benim yavrum dünyalar güzeli, ne giyse yakışır" diyen bir anne iyi hissettirebilir ama "Ne o öyle evde ayna yoktu galiba?" diyen bir arkadaşın yorumu daha çok dikkate alınır.

Sadece kendini eleştirenleri dikkate alıyorsan, sen de çoğunlukla kendini eleştiriyor olabilirsin. Böylelikle içten içe onayını beklediğin bir narsisi besleyebilir ve "ciddiye alınma" savaşından yorulabilirsin.

Narsis, narsis olduğunun farkında olmayabilir.

"SADECE BEN" diyenleri hayatına çekmemek için şunları deneyebilirsin:

- Hayatında sadece sana ait bir alan yarat. Evinde bir köşe oluşturmakla işe başlayabilirsin. Evde yapabilirsen, ilişkilerinde de aynı davranışı uygulayacaksındır.
- Kendinde güçlü olduğuna düşündüğün üç özelliğini bir yere yaz. *(Bak bakalım mutsuz olduğunda inandırıcılığını yitiren bir seçenek olacak mı?)* Seçtiğin kelimelerden kendine karşı şefkatinin dozunu görebilirsin. Kendine göstermediğin hiçbir şeyi karşı taraftan da bekleme.
- Başkalarını mutlu ederek mutlu olmaya alışmış olabilirsin, bu doğal, fakat kendini de o sıraya koy.

Şunu deneyebilirsin: Narsisler kendilerine koyulan kuralları sevmezler. Birine kendinle ilgili aşılmasına izin vermediğin bir sınırından söz et ve sonrasını izle. Karşındaki insanın öfkesi ne şekilde çıkacak ortaya?

GÖRDÜĞÜMLE SANDIĞIM KİŞİ AYNI DEĞİLSE?

Katıldığım bazı televizyon programlarında bu konuyu anlatırken küçük bir test yaparım. Sen de deneyebilirsin. Karşı tarafa elinle "iki" işareti yap ve "Bu kaç?" diye sor. İlk başta gördüğünü söyleyecektir, iki diyecektir. Sonrasında iki elinle on parmağını açarak sor: "Bir elde kaç parmak var?"

Çoğu gördüğünü söyleyecektir, yani on diyecek. İnsanlar, kendilerine gösterilenlere inanmaya fazlasıyla meyillidir. Fakat gün gelip de bize yöneltilen soruyla, gösterilenin aynı olmadığını fark ettiğimizde, hayal kırıklığına uğrarız. Aynı şey hayatımıza seçtiğimiz insanlar için de geçerlidir.

ÇÖZEMEDİĞİN DURUMLARDA ALIŞKIN OLMADIĞINI DENE

Bir alışverişe çıktığında hep aynı kıyafetleri almaya, aynı müzikleri dinlemeye, aynı yerlere gitmeye meyilliysen alışkanlıkların konusunda biraz esnemeye ihtiyacın olabilir. Aynı şey tanıştığın insanlar için de geçerli. Fark etmeden hep alışkın olduğun profilleri çevrende tutuyorsan, çözümleri de hep aynı yerlerde arıyor olabilirsin.

Albert Einstein'ın sözünü hatırla: "Hep aynı şeyleri yaparak farklı sonuçlar beklemek ne kadar mantıklı?"

Alışkanlıklarını değiştirerek, zihninin çalışma düzenini değiştirirsin. Böylece aynı problemle farklı bir zihni karşılaştırmış olursun. Evet, ilk başta zorlanabilirsin biliyorum fakat etkisini gördüğünde şaşıracaksın! Alışkanlıklar zincirini kırmak için şunları deneyebilirsin, ne de olsa**, alışkanlıklar küçük değişimlerden başlar**:

1. Değişik müzik listeleri yap ve biraz tahammül et.
2. Alışkın olmadığın yerlere bir uğra.
3. Normalde sıkılırım diye düşündüğün insanlarla biraz vakit geçir.

4. Alışkın olmadığın renkte bir kıyafeti dolabına koy, hatta giy.

"Dün akıllıydım,
dünyayı değiştirmek istedim,
bugün bilgeyim,
kendimi değiştiriyorum."
– Mevlana

SINIR ÇİZME BECERİSİ

Biriyle tanıştığında sana çok fazla iyilik yapmaya meyilliyse, seni hiç tanımamasına rağmen hakkında methiyeler düzüyorsa muhtemelen mesafe konusunda problemler yaşayan biriyle karşı karşıyasındır. Bu tip bir durumda karşındaki insan, senin hayatının tam da içinden, orta yerinden bir şeyler isteyecektir, hazır ol. Hatta bu tip insanların neye dönüştüğünü test etmek istiyorsan, hemen biraz mesafe koy araya, bak bakalım neler olacak? Muhakkak sevilmediklerini hissedecekler ve gerileceklerdir. Bu yüzden **mesafeler, ilişkiler açısından gerektiğinde çok kullanışlı bir gözlem kulesi olabilir**.

Mesafe deyince aklına uzak durmak, soğuk davranmak gelmesin. Parmağının ucunu burnuna yakınlaştırdığında sana en yakın mesafede bulunuyor olsa da artık parmağının ucunu göremezsin.

Karşı tarafla sağlıklı mesafeyi nasıl ayarlayacağız peki?

Tabii ki kendi sınırlarımızı oluşturarak...

"Aşk, kendi sınırlarımızı diğer
insanların sınırlarıyla uyumlu
hale getirme çabasıdır."

– Rollo May

Birine yaklaşmak ve onunla bağ kurmak için emek vermen ya da bedel ödemen gerekmiyorsa *(karşında hiç sınır yoksa, arada hiç mesafe yoksa)* sence aranızdaki bağ ne kadar güçlü ve güvenilir olur? Sen kendini güvende ve iyi hissedebilir misin?

Düşünsene karşındaki insanın hiç sınırları yok, kendini aşırı özgür sanıyor. Sen alabildiğine çabuk girebiliyorsun hayatının her noktasına. Onu suiistimal edip etmediğinin, ona saygısızlık edip etmediğinin bile farkında olamıyorsun çünkü sen hızla onun hayatında ilerlemeye devam ettiğin halde seni durduracak bir çizgi çıkmıyor karşına. Muhtemelen sen de kendini güvende hissetmiyor olacaksın artık. Özgürlük sandığın şeyin aslında kuralsızlık, anlamsızlık, tedirginlik, güvensizlik olduğunu düşüneceksin. File olmadan voleybol oynamak, kale olmadan maç yapmak gibi...

Tam da bu yüzden **hızlı başlayan, hızlı bitiyor**.

Nesne ilişkileri de aynı dinamikle çalışır. Günümüzde çocukların oyuncaklarından hızlı sıkılması da aynı sınır ve bedel ilişkisiyle ilişkili... Bir yıl boyunca harçlıklarını biriktirmek zorunda kalarak satın aldığın bisikletle, doğum gününde hediye edilen üçüncü ya da dördüncü bisikletin anlamı aynı olur muydu senin için? Garajda bekleyen hediye bisikletleri mi hatırlıyor olursun büyüdüğünde, uğruna bedel ödediğin, emekle ulaştığın o küçük gösterişsiz bisikleti mi?

Demem o ki mesafeleri ayarlamak, sınırları doğru çizmek hayati derecede önemli. İnsanlarla da nesnelerle de kurduğumuz ilişkiyi bu parametreler belirler.

Özgürlük ve değer alanımız olan sınırlarımız, karşı tarafa mesafe koymak-tavır almak değildir.

Bazıları karşı tarafın ilgisinden hemen emin olma isteği duyabilirler ve doğru mesafelenmeyi kuramayabilirler. Mesafeyi doğru ayarlayamayan insanları tanımak için şu dört noktaya dikkat:

1. Çabuk jest yapmaya başlarlar.
2. Konuştukları konularda veya davranışlarında, senin sınırlarını ihlal ederler.
3. Teması severler.
4. Fikirlerini süzgeçten geçirmeden her zaman destekleme eğilimindedirler. Engellendiklerinde öfkelenebilirler *(çünkü sevilmediklerini hissederler).*

Sınırlar Öğretilir

Tıpkı evine davet ettiğin biri gibi, kapalı tuttuğun kapıları zorluyorsa o kişi seni değil, kapıların arkasını merak ediyordur. Bu yüzden seni merak eden birinin merakını tatmin etmeden önce, senin kapılarını zorlamayacağından emin ol. Çoğu kişi bunu sana yardım etmek için de yapabilir. Açamadığın kapıları kendine özel zannedebilir ve hatta "Ben özelsem o kapının ardındakini görmeliyim" düşüncesiyle kendine bunu görev de edinebilir. En sevdiklerine bile kapalı tuttuğun kapılar olabilir elbette, bu çok doğal.

Örnekler üzerinden gidelim; bir masada oturdunuz ve senin hiç bahsetmek istemediğin bir konuya girdi. O konuyu çok merak ediyor çünkü seni tanımak istiyor. Fakat merakı ve saygısı arasında kalan biri, merakını tatmin etmeyi seçiyorsa, bu kişi ileride kendini daha düşünen birine dönüşebilir.

İnsanlar birbirini tanımak için tabii ki sınırları zorlayacaklardır. Bunda bir problem yok. İlişkilerin başlangıcında tanış olmak isteyen iki insan birbirini böyle keşfeder. Hemen ilişkiyi bitirmeyi de mantıklı bulmuyorum. Sınırlar öğretilir.

Mesela şunu deneyebilirsin: Birine aşılmasını istemediğin bir sınırından bahset. Samimiyetiniz ilerlediği zamanlarda o sınırı aşmak için özellikle çalışmaya başlamışsa, durup o kişi hakkında tekrar düşün. Karşındakinin kendini değerli hissetmesi senin kapattığın kapıları zorlayarak gerçekleşecekse, o kişi seni tanımayı değil, merakını gidermeyi istiyordur.

HAYIR DEMENİN EN KOLAY YOLU

Öncelikle "hayır" kelimesine karşı bakış açımızı değiştirelim. Mesela yabancı bir ülkeye gittin ve sana "RIYAH" diye bir kelime öğrettiler. Hakaret içerebileceğini düşünüyorsun, çok emin olamıyorsun ve doğal olarak da bu kelimeyi öyle fütursuzca kullanmaktan imtina ediyorsun diyelim. Bence çok iyi yapıyorsun. Tabii ki her yerde kullanmazsın, iletişimi riske etmezsin. Bu bana göre en akıllıca yol... Gidip samimi olduğun insanlara sorardın ve ne anlama geldiğini doğrulatırdın değil mi? İşte birazdan "HAYIR" kelimesinin anlamını birlikte tekrar doğrulayacağız seninle.

"Hayır" kelimesi, karşındakini reddetmek demek değildir, aksine daha iyi ve sağlıklı bir ilişki kurma çabasıdır. Hatta bu kelimenin öyle sihirli bir yanı var ki tahammül edemeyenler, kendiliğinden elenirler. Böylece kimlerin, senin sınırlarına uyamadığı da ortaya çıkmış olur. Mutlu ilişkiler kurmak açısından son derece kullanışlı ve işe yarar bir elektir.

Hayır kelimesinin yerine kullanabileceğin alternatif cümleler:

- İstemiyorum
- Mümkün değil veya mümkünü yok
- Ben başka bir şey istiyorum
- Nein/no *(diğer dillerde)*
- Seni üzmek istemem ama bugün maalesef yapamam
- Alternatif bir şeyler düşünelim mi?

Kısacası "hayır" demek, insanları reddettiğin, küstürdüğün, üzdüğün agresif bir cevap değildir. Bu yüzden ilk olarak sana söylenen "hayır"ları anlamaya başla. Alınır mıydın, gücenir miydin yoksa anlayışla mı karşılardın? İşin sırrı bu: SANA GARİP GELMEDİĞİNDE SEN DE KULLANMAYA BAŞLAYACAKSIN.

Hayır'lar Hayırlara Engel Olmasın

Günümüz kişisel gelişim sektörü bu kelimeyi ısrarla söyletmek üzerine dönüyor. İçi boş şekilde her teklife hayır diyen, "Pardon saatin kaç olduğunu söyleyebilir misiniz acaba?" sorusuna bile "HAYIR!" cevabını vermeleri gerektiğini düşünen insanlara sebep oluyorlar. Halbuki hayır diyebilmek ilkönce evet diyememektir. İsteklerini söylemek konusunda problem yaşayanlar bu kelimeyi söylemekte zorlanırlar. Asıl mesele kişinin isteklerini söyleyememesidir. Hayır demen gerektiğini düşündüğün halde zorlananlardansan, sınırlarını korumak için küçük adımlar atmaya başlamalısın.

Nasıl mı?

Mesela bir arkadaşınla buluşmaya gitmek yerine evde dinlenmek istiyorsun ama hayır diyemiyorsun; "Bugün evde kalacağım" de o halde.

Garson makarna mönüsü önerdiyse ve sen diyetini bozmak istemiyorsan; "Ben salata seçeneklerini değerlendireceğim" diyebilirsin mesela.

Sonuç olarak insanların isteklerini anladığını ve normal karşıladığını fark ettiğinde olumlu ya da olumsuz sınırlarını daha rahat çizeceksin.

BANA İLK İLİŞKİNİ SÖYLE SANA ŞİMDİKİ SEVGİLİNİ SÖYLEYEYİM

Birazdan okuyacağın bilgilerde partnerinle yaşadığın ilişkiyle kendi çocukluğunun benzer yanlarını bulabilirsin ve ilginç ayrıntılar keşfedebilirsin. Hazır ol!

"İlk ayrılık" deyince tarih sahnesinde çok da gerilere gitmeye gerek yok. Sıvıyla dolu bir zarın içinde bulunup karnındaki kordonla beslendiğin süreçten, dünyaya açıldığın yeni bir sürece geçişini kastediyorum aslında. Yani ilk ayrılık deneyimini hatırlatıyorum sana.

Tabii ki yaşadığımız ilk ayrılık, doğumdur.

Doğumda anne, içindeki çocuktan ayrılır. Çocuk ise parçası olduğu bir evrenden, anneden ayrılır. Doğum ilk travmamızdır çünkü yaklaşık 9 aydır içinde yaşadığımız güven hissinden kopup yabancısı olduğumuz ve güvensiz gibi görünen acayip bir dünyaya açılmışızdır. İşte büyük macera bundan sonra başlar. Bu ilk ayrılığın hayatımızın geri kalanında yaşayacağımız ilişkilerde ne kadar etkili olduğunu anladığında, inan çok şaşıracaksın.

Doğduktan sonra tanıştığın yeni dünyada kendini güvende hissetmek için yine bir bağla, bağlılığa ihtiyaç duyarsın. Çünkü insan, doğası gereği güvenli bir bağ arar. İşte bu bağ, dış dünyada ilk kez anne memesiyle kurulur. *(Yani partnerin bir gün ilk ilişkini merak edip sorarsa ona ne cevap vermek gerektiğini artık biliyorsun.)*

İlk ilişkinden nasıl ayrıldığın, diğerlerine karşı tutumunu etkiliyorsa, annenden ayrılış biçiminin de bu tip bir etkiye sahip olduğunu söyleyebiliriz. Şimdi devreye "geçiş nesneleri" giriyor. Yani özgürleşmek için yaşayacağın ayrılıklarda seni yatıştıran nesneler...

Mesela bir biberon!

Seni anne memesinden ayırabilmek için memeye benzeyen bir nesneye ihtiyaç duyuldu. Mesela annesinin saçlarıyla oynamadan uyuyamayan bir çocuğun aynı hissi vermesi açısından eline resim fırçası verildiğine şahit olmuşumdur.

Farkındaysan bağ kurma ihtiyacımız devam ederken nesneler hep yer değiştiriyor. Tek başına uyuyamayan çoğu çocuk uyku arkadaşlarıyla, ihtiyaç duyduğu güven bağını kurar. Bunun sebebi çocuğun gözlerini kapatırken gördüğü nesneyi, gözlerini açtığında tekrar görebilmesi ve kendini güvende hissedebilmesi içindir. *(Güven duygusunu etkileyen en önemli aşamalardan biridir bu.)*

Bu yüzden yeri gelmişken söyleyeyim, uyanırken insanın yanında tanıdık bir nesnenin bulunması, bağı kuvvetlendirir. Yani insan, bir ilişkinin güvenli olup olmadığını, ona ihtiyacı olduğunda yerinde bulup bulamayacağına göre şekillendirir. İşte günümüz ilişkilerinden söz ederken üzerinde durup düşünmemiz gereken çok önemli bir ayrıntı...

Diğer bir ayrılık deneyimi de yürümeyi öğrendiğinde gerçekleşir, çünkü ilk defa bulunduğun yerden kendini uzaklaştırabilecek adımları atmaya başlamışsındır. Sonuç olarak her ayrışma ihtiyaç duyduklarınla ilişki yapını değiştirir. Ayrışma evrelerine engel olmak isteyen ebeveynlerle büyüyen çocuklar gelecekte kendilerini bağımlı ilişkiler içerisinde bulabilirler.

Yani bir çocuğun gelişimi bile annesiyle sağlıklı ayrışabilmesiyle gerçekleşir. *(Parmak emmeye devam eden çocuklar ayrışmayı reddetmiştir.)*

Unutma yetişkinler büyük çocuklardır aslında. Ayrışma evreleri yetişkinlikte kopulamayan bir sevgili, satılamayan bir araba, atılamayan bir eski eşya olarak kendini gösterebilir.

AYRILIK ACISINA BİR DE BURADAN BAK

Ayrılık acısı beynin konfor alanına dönüş isteğidir. İnsanoğlu yaradılışı gereği tekrarlanan döngüleri ve tanıdık deneyimleri sever çünkü bu güvenlidir. Bu yüzden ayrılık acısı alışkanlıklarına geri dönmek isteyen, onsuz yeni dünyasına uyum sağlamaya çalışan beynin elektrik kaçağıdır. Sadece ilişkini değil, taşındığın evini de özleyebilirsin. Orada hissetmeyi sevdiğin bir duyguyu özlersin, beton duvarları veya birinin kaşını gözünü değil.

Biz ki annemizden ayrışmanın ilk eksikliğini *(memeden kesilirken)* biberonla bastırmış varlıklarız.

AYRILMAK MI AYRIŞMAK MI?

-Ayrışsak da beraberiz-

Bu iki kavram birbiriyle çok karıştırılır. Ayrılmak bir şeyden kopmak anlamına gelirken, ayrışmak bağlı olduğun yere sadık kalarak uzaklaşabilmek anlamına gelir.

Bu kitabın her sayfası sen koparmadığın sürece temelde güvenle birbirine bağlıdır. Fakat kitabı tümüyle anlamlı kılan ve bütünü görmeni sağlayan, sayfaların birbirinden ayrışabiliyor olmalarıdır. Yani sayfalar çevirmene elverişli olacak şekilde birbirinden ayrışmayı kabul etmeseydi şu an seninle konuşuyor olamazdık. Burada önemli bir nokta var ki o da sayfaların birleşiminde bir güven bağının olması... Sayfaları birbirine bağlayan o güçlü bağlantı olmasaydı muhtemelen sen çevirdikçe parçalanıp dağılacak ve bir kitap olarak sürdürülebilirliği söz konusu bile olmayacaktı.

Yani güvenin olmadığı ilişkiler ayrıştıktan sonra dağılmaya mahkûmlar. Bu yüzden ilişkilerde de güven, doğru ayrışmak için gereklidir. Bir ilişkide kendi alanına sahip olmak, kendinden beklediklerini gerçekleştirmek için hareket şansı sağlar. Kendisinin bu dünyada bir yer kapladığına ve işe yaradığına inanan kişi partnerine ayrışma alanını sağlayabilen kişidir.

AYRIŞARAK İYİLEŞ

Bir gün bir kedi ve kirpi birbirlerine âşık olmuşlar ve sarılmak istemişler. Her sarılışta kirpinin dikenleri yüzünden kedinin canı yanmış.

Acıklı geldi değil mi?

Halbuki ikisi de âşık...

O halde birlikte düşünelim:

Sence bu ilişkide suçlu kim?

Dikenleri olduğu halde âşık olduğu kediye sarılırken onun canını yakacağını düşünemeyen kirpi mi?

Canının acıyacağını bildiği halde kirpiye sarılan kedi mi?

Büyük resme bakınca belki de ortada bir suçlu yoktur, ne dersin?

İlle bir suçlu bulmak istiyorsan bir tanesini seçebilirsin tabii ki. Kedi de suçludur, kirpi de... Oysa sadece uygun olmadıklarını düşünürsen, durum değişir.

Böylece hissettiklerin için karşı tarafı suçlamaktan vazgeçersin. Seni öfke bataklığına saplayan olumsuz duygularından kendini kurtarmış olursun.

Ben de senin gibi insanların farklı tabiatlara sahip oldukları için ilişkiden vazgeçmemeleri gerektiğini düşünüyorum ama en azından sevgilerini ifade etmenin yolunu değiştirebilirler. Yani birbirine zarar veren ve bunu sevgi adı altında yapan kişiler her halükârda sevgilerini ifade etme biçimlerini terk etmek zorundalar, aksi halde yaralı kedi, kirpiyi suçlamaya devam edecek. Bazıları kedinin sevgisini bu acıya katlanabilmesiyle ölçebilir ama kedinin kendini feda etmesine razı gelen bir kirpi onu gerçekten seviyor mudur?

Bu hikâye bize ayrışarak iyileşmenin de mümkün olabileceğini hatırlatması açısından bence çok önemli...

İyi bir ilişki, her zaman ayrılık ihtimali içermelidir.

En tehlikeli ilişkiler, diğer ihtimalleri hiç dile bile getirmeyen insanlar arasında yaşanır. Bazen ilişkiyi tedavi eden şey, ayrılıklardır. Bazı ayrılıklar, iyileştirir. Günümüz çift terapilerine çoğu çift ayrılamadıkları için gelir. Bu ayrılık sadece boşanmak değildir. Fikir ayrılıkları ile birlikte huzurlu bir sistem oluşturamayan insanlar da ayrılamadıkları için gelirler.

İlişkinin sancılarıyla ilgili kendi sorumluluğunu üstlenmediğin sürece yaşadığın her deneyimde hep karşı tarafı suçlarsın. Yaralandığı için kirpiye kızan ama ona sarılmaya devam eden kedi olursun. Karşı tarafı suçlamak, sadece kısa süreliğine gerçeklerden kaçmana yardımcı olur.

Öfkenin de bir bağlayıcılığı olduğunu unutma ve yaşanması mümkünken yaşanmamış şeylerden dolayı sadece onu suçlarsan, sürekli geçmişi suçladığı için önüne bakamayan milyonlarca insandan biri olmuş olursun.

"Her ayrılık bir son olmadığı gibi her birliktelik de romantik bir ilişki sayılmaz."

Sağlıklı ilişkileri, sağlıklı ayrılabileceğin insanlarla kurarsın. Hani bir söz var ya, **kışın çirkinleşenin bahardaki güzelliğine aldanma**. Kolay ayrılabileceğin insanlar seç. Biri sana "Seni kendimden vazgeçecek kadar seviyorum" anlamına gelen herhangi bir cümle kurarsa yerinde olsam bu yükün altına girmem. Dışarıdan çok sempatik bir sevgi ifadesi gibi dursa da, ileride bir gece ansızın geminin çarpabileceği tehlikeli bir buzdağıdır bu yaklaşım.

Kulağa garip gelebilir ama gerçek!

İlişkiyi kurtarmak demek, beraberliği sürdürmek anlamına geliyorsa senin için bundan sonrasını dikkatle okumanı tavsiye ederim.

Bitirmek bir "ilişki kurtarma" biçimidir ama "neden bitiremediğini anlamak" gelecekteki seni kurtarır çünkü yaşadığın her ilişkiden bir iz taşırsın üzerinde.

Bu süreç SEN ve sendeki O ile gerçekleşir.

Yani gerçekteki "O"na ihtiyaç yoktur.

Çünkü hepimiz ilişkilerimizi kafamızdakiyle yaşarız, karşımızdakiyle değil. İç içe bir yumak gibi geçmiş mesafesiz ilişkilerden koparken, bir organını kesip orada bırakmak zorunda kalırsan, bıraktığın parça yaşayacağın yeni ilişkide büyük boşluklar yaratabilir.

Şimdi sana bir sorum var:

Bırakamayacak kadar kendini zorunlu hissettiğin, ayrılırken bir parçanın orada kalacağını bildiğin, bu yüzden de sıkı sıkıya korkuyla tutunduğun bir ilişki mi tercih edersin?

Eksilmeden kopabileceğini bildiğin, korkuyla yapışmak zorunda kalmadığın, huzurlu ve iyi hissettiğin bir ilişkiyi mi tercih edersin?

Karşındaki insan, kopamayacağın seviyede bir bağlılık geliştirmeni bekliyorsa senden, ona mecbur olmanı istiyorsa ve bundan hoşlanıyorsa, o aslında bir ilişki istemiyordur. Krallık istiyordur.

Diyelim ki kopamadığın yorucu bir ilişki yaşıyorsun. Neden bu tip bir ilişkiye ihtiyaç duyduğun sorusunun cevabını bulamadan biterse bu ilişkin, emin ol yine kendi krallığını kurmak isteyen başka birinin kalesinde bulacaksındır kendini.

Kısacası mecbur olduğunu zannettiğin bir ilişki, mecbur olmadığını öğrendiğin bir ilişkiye dönerse İLİŞKİ KURTULUR. İlişki kurtulduğuna göre isteyen gider, istemeyen de gitmek zorunda kalır. İlişkiyi kurtarmak zorunluluklarınla değil tercihlerinle hareket etmeni sağlar.

Daha açık konuşayım ister misin?

Bir odada oturduğumuzu hayal et ve kapının yaklaşık 36 saat kapalı kalacağını, dışarıya çıkamayacağımızı düşün. Bu bilgiyi öğrendikten hemen sonra kaç dakika sakin kalabilirdin? *(Açıkçası ben de kalamazdım.)*

Diğer senaryoda kapı yine kapalı ama kilitli değil... İkimiz de istediğimiz an dışarı çıkabileceğimizi biliyoruz. Bu durumda en azından birkaç saat boyunca sohbet ederek iyi vakit geçirme ihtimalimiz daha yüksek değil mi?

Gördüğün gibi, istediğin an kalıp dışarı çıkamayacağın kilitli bir odada bulunurken kendini güvende hissetmezsin. Bu yüzden aynı odada bulunmaya karar vermiş insanların huzurlu, keyifli ve verimli bir süreç deneyimlemesi için, kapının her iki tarafın da dilediği zaman çıkabilmesi için açık kalmasını sağlamak gerekir. Odada *(ilişkide)* kalmak iki taraf için tercih olmalıdır.

AL İŞTE, BENDEN İSTEDİĞİN KİŞİYE DÖNÜŞTÜM, MUTLU MUSUN?

-İstediğini aldın, aldığını hâlâ istiyor musun?-

Düşün ki sen hayatındaki kişiden daha fazla ilgi göstermesini istiyorsun, sana daha fazla odaklanmasını, seni düşünmesini, senin için bir şeyler yapmasını, daha duyarlı ve düşünceli olmasını bekliyorsun ama o daha kendine odaklı. Beklediğin kadar duyarlı olamıyor, unutuyor, beklediğin ilgiyi gösteremiyor, ihtiyacın olan yakınlığı sunamıyor. Sen talep ettikçe, üzerine gittikçe, ihtiyacın olduğunu söylediğin şeyleri ondan almak için belki duygusal tepkiler verdikçe, surat astıkça ya da stratejiler uyguladıkça, kıskandırmaya çalıştıkça, seninle ilgilensin diye birtakım oyunlar kurguladıkça o daha da uzaklaşıyor. Sonunda yoruluyorsun tabii ve vazgeçiyorsun bütün bunlardan. Çünkü sen artık yorgun ve umutsuz birine dönüştün ama o, sen sakince durduğun için üzerine düşmeye başladı. Seninle daha ilgili, daha duyarlı, sana daha yakın biri oldu.

Harika değil mi? Sonunda istediğin şeye kavuştun. Nihayet ihtiyacın olan ilgiyi buldun. Sana çok düşkün biri var artık karşında. Ama peki sen hâlâ aynı kişi misin? Hiç sanmıyorum! Belki de artık ilgisini istemiyorsun bile.

Bir süre sonra sana bu kadar düşkün olmasından yana şikâyet etmeye başlıyorsun. Bu kadar üzerime düşmese daha mı iyi olurdu diyorsun? Hani ihtiyacın olan buydu?

Belki de karşındaki insanla değil de, kafanın içindeki insanla ilişki halindesindir. Yaşadığın kısırdöngülerin temelinde karşındakiyle değil de kafandaki insanla bir ilişki yaşama çaban yatıyor olabilir.

"Herkes karşısındakini
ihtiyacı olan kişiye dönüştürür,
bilerek ya da bilmeyerek..."

NE ZAMAN GEÇER?

Günümüzün ilişkileri çoğunlukla acıdan hemen kurtulmak, hiç üzüntü yaşamamak, katiyen kendini kötü hissetmemek, depresyona girmemek, ağlamamak, bütün bunlardan uzak kalıp karşı tarafı çok etkilemek, büyülemek, kendinden geçirmek ve vazgeçilmezlik üzerine kurulu...

Bu da gösteriyor ki insanlar artık ilişki değil, bozulduktan sonra acısız şekilde hemen yenisiyle değiştirebilecekleri, derinleşemeyen zayıf bağlar arıyorlar. Ayrıca her ilişki derinleşmek zorunda değil ama bir sebepten devam edebilmesi için öyleyMİŞ gibi deneyimlenen ilişkiler de yorucu, hatta *tehlikeli...*

Adına "kötü" ya da "yıkıcı" dediğin ilişkiler, başına gelmiş kazalar değillerdir. Ama sen bu ilişkilerden haksızlığa uğramış, vakit kaybetmiş, suiistimal edilmiş, kullanılmış olduğun düşüncesiyle çıkmayı tercih ediyorsan, ortada bir kaza olmadığı halde yaralanmayı başarırsın. Üstelik bundan sonraki her ilişkinde aynı korkuya ve travmaya sıkıca tutunduğun için, ciddi bir trafik kazasına yol açarsın. Çok beğendiğim bir örnek var: **Kayak yaparken ağaçlara odaklanırsan, odaklandığın şeye çarpma ihtimalin çok daha yüksektir.**

Bu yüzden çoğu kayakçı ağaçların arasındaki patikalara, yollara yani ilerleyeceği güzergâha odaklanır çünkü kafa nereye bakarsa vücut da orayı takip eder. *(Çevrende motor kullanan biri varsa bu konuyu ona da sorabilirsin, yola odaklanmak bir kuraldır.)*

Kaza demişken:

Bilimsel araştırmalar gösteriyor ki kontrolünü kaybeden ve kaymaya başlayan bir aracı yolda tutabilmek için öncelikle direksiyonu bırakmak gerekiyor. Deneyimlemekten korktuğun bir duygudan kaçmaya çalışırken direksiyonu sımsıkı tuttuğun için, aynı ilişki döngülerinin içinde dönmeye devam edersin.

Sonunda ne olur?

Yoldan çıkarsın.

Al sana kaza!

Duygularının direksiyonunu bıraktığında doğru yere gideceksin!

Seni odaklamak istediğim yer, araba kayarken direksiyonu tutman değil. Bu doğal bir refleks. Seninle fark etmemiz gereken, araban park halindeyken neden direksiyonu sıkı sıkıya tuttuğundur. Çünkü seni asıl yoran şey bu. Enerjinin çoğunu gelecekte bir şeylere çarpmamak için olumsuz senaryolara kaptırdığında hayat enerjini savunma sistemlerine harcarsın. Bu da aşırı temkinli olmana ve sonrasında yorgun hissetmene sebep olur. Bu yüzden eğer kendini yorgun hissediyorsan hangi duyguyu kontrol etmeye çalıştığını fark etmelisin!

Duygularının direksiyonunu bırakabilmek için aklında tutman gerekenler:

1. Duygularından değil davranışlarından sorumlusun!
2. Her duygu geçicidir. Kontrol etmeye çalıştığında seni daha kontrolsüz bırakacaktır.
3. Duygular düşüncelerimizin sonucudur. Eğer düşüncelerinin direksiyonunu sıkı tutuyorsan daha fazla sık.

Böylece zaten kasılmış olan ellerinin gerginliğini daha ileri bir boyuta taşıyamayacağını fark edeceksin. Biz buna progresif gevşeme diyoruz.

Aynı şekilde geleceğe dair olumsuz bir düşünceyle savaşırken kılıcını ve kalkanını bir kenara bırak, oturup senaryolarını "daha da kötüleştirerek" yazmaya devam et.

Yanlış okumadın!

Zihin genellikle hissetmekten kaçtığı şeylere teslim olmaya meyillidir. Buna en güzel örnek, kırmızı bir top düşünme dediğim zaman zihninde şu an canlanan görüntüdür.

Ben buna **kaygıyı korkutma yöntemi** diyorum. Halk arasında "abartma" yöntemi de denilebilir. Progresif kas gevşetme tekniklerinde de kullanılır. Mesela stresten kaynaklı bir kas grubunun kasıldığını genelde hissetmezsin. Bacakların, çenen veya sırtın kasılabilir. Onları ancak daha fazla kasarak rahatlatabilirsin. Kasların gibi düşüncelerinin de gerçekliğini ancak onlara biraz daha yüklendiğinde fark edersin. Sen senaryolarını kötüleştirmek konusunda zihnine yardımcı olurken emin ol, masadan kalkan ilk taraf o olacaktır.

"Başkalarının kılıcıyla
savaşacağıma kendi
sopamla yenilirim."

GERÇEKTEN DEĞİŞEBİLİR MİYİM?

-Tek bir seansla bütün problemler çözülebilir fakat o seansa ulaşmak yıllarını alabilir-

Değişmek aslında çok basit... Fakat asıl zor olan ihtiyacını bulmak. Şundan bahsediyorum: Kimseye **"Neden değiş(e)miyorsun?"** diye sormamalısın, bunun yerine **"Hâlâ neye ihtiyacın var?"** diye sorabilirsin. Çünkü biz insanlar ihtiyaçlarımıza göre şekilleniriz. Her davranışımızın altında ihtiyaçlarımız vardır.

Örneğin, bir adam çevresi tarafından ciddiye alınmak için bağırması gerektiğini düşünüyorsa ve bu durum hayatının içerisinde bir inanca dönüştüyse, ciddiye alınmak istediği zamanlar bu davranışı seçer.

Bazen insanlar karşıma otururlar ve değişmek istediklerini söylerler. Onlar kontrolsüz öfkelerine odaklanırken buzdağının görünen kısmından şikâyetçidirler aslında. Mesele buzdağının altıdır. Yani ciddiye alınma ihtiyacıdır. Peki çözüm nedir: Ancak ciddiye alınmanın farklı yollarını keşfettiğinde, davranışını değiştirebilir. Bu yüzden ilkönce **İHTİYACINI KEŞFET!**

Şunları deneyebilirsin:

1. İhtiyacımı doğru yerden mi karşılıyorum? Bana istediğimi verebilir mi?
2. Değişmesini istediğim davranışlarımın altındaki ihtiyacım nedir?
3. Bu ihtiyacı başka hangi yollarla elde edebilirim?

ALIŞKANLIKLAR HAPİSHANESİ

Öğrenilmiş bilgiler insana bir konfor alanı yaratır ve burada güvende olduğunu hissettirir. "Bildiğinin dışına çıkma, gerek yok" der. Eve başka bir yoldan dönmeyi denemene gerek yoktur mesela, "Her zamanki yolu kullan işte, ne iş çıkarıyorsun şimdi?" der zihin. Seni daima bildiği sınırlar içinde tutmaya gayret eder. Böylece hem işini kolaylaştırmış olur, hem seni güvende tutar. Bilmediğin yollarda vakit kaybetmeni, orada kaybolmanı, kaza yapmanı, yorulmanı istemez. Buradan bakınca müthiş bir ebeveyn gibi... Akşamları eve hep aynı yoldan dönmek ne kadar güven verse de, bildiğin yolda efor sarf etmeden, adres sormadan, yol aramadan, aklını çok çalıştırmak zorunda kalmadan yolu kat etmek her ne kadar büyük bir konfor olsa da, diğer yanıyla ürkütücüdür de. Yaşadığın şehri, eve dönüş yolundan ibaret sanabilirsin mesela ya da o gün hep kullandığın ve en iyi bildiğin yol herhangi bir sebepten ötürü kapanmış olsa ne yapacağını bilemeyebilirsin. *(Navigasyon telefonunun şarjı bitene kadar destek olabilir sana, üstelik hayatındaki her beklenmedik soruna rehberlik edebilecek kabiliyeti de yok.)* Yani iş senin aklına, zihnine, deneyimlerine, cesaretine, yeteneklerine kalır. Bunları hiç kullanmamış insan, bunların ne işe yaradığını ve nasıl aktive edileceğini bile çözemeyebilir ya da çok zorlanır.

Hepimiz konfor alanlarımızın içerisinde durmaya eğilimli varlıklarız. Evimiz, düşüncelerimiz, hatta tanıdık dertlerimiz bile bizim açımızdan bir konfor alanı oluşturur. Tanıdık dertler bile kolaydır, çünkü nasıl çözeceğini zihnin zaten biliyordur. Peki ya olmadık işler, tanıdık olmayan dertler, başımıza ilk kez gelenler ve hazırlıksız yakalandıklarımız ne olacak bu durumda? Bağışıklık sistemimizi neden konfor alanının içinde sınırlıyoruz?

Konfor alanımız artık esnemeyecek bir noktaya gelirse, burada değişime gitmek de giderek zorlaşır. Konfor alanları aşılmaz inanç kalıplarına ve vazgeçilemez alışkanlıklara dönüşmüş olur.

"Söylediklerinize dikkat edin; düşüncelere dönüşür
Düşüncelerinize dikkat edin; duygularınıza dönüşür
Duygularınıza dikkat edin; davranışlarınıza dönüşür
Davranışlarınıza dikkat edin; alışkanlıklarınıza dönüşür
Alışkanlıklarınıza dikkat edin; değerlerinize dönüşür
Değerlerinize dikkat edin; karakterinize dönüşür
Karakterinize dikkat edin; kaderinize dönüşür."

Konfor Alanına Dönüşmüş İnançlar

İlişkilerinde mutsuz olduğunu söyleyen Ayşe'nin her seferinde aynı tip ilişkileri tercih ettiğini düşünelim. *(Ki bu tip insanlar, farkında bile olmadan hep aynı tarz kıyafetlerle gardıroplarını doldururlar, nesnelerle ilişkileri de ilginçtir...)* Ayşe insanlara dair yaşamı boyunca bilgiler edindi ve bu bilgiler, düşüncelerine, düşünceleri inançlarına dönüştü ve sonunda aradığı ilişkiye dair şöyle bir alt-inanç geliştirdi:

"Duygularını belli etmemelisin! Güçsüz görünürsen kullanılır ve terk edilirsin."

Bu inanışla yola çıkan Ayşe ilişkilerinin her zaman "kontrollü" tarafında yer almayı tercih eder değil mi? Hatta duygularını kontrol edemediği zamanlarda paniklemeye ve saklamaya da çalışabilir çünkü kendisine göre "öfke" dışında gösterilen duyguların neredeyse hepsi zayıflıktır.

Tanıdık geliyor mu?

İfade etmediği/etmeyi öğrenmediği her duygu, duygusal "dengesizlik" olarak algılanabilir karşısındaki insan tarafından. Aslında bir şeye alınmış olabilirsin ama bunu ifade etmiyor olman söylemlerinin dışındaki her yerden kendini belli edecektir. Mesela küçük meselelerden dolayı sıkça kavga eden çiftlerin çoğu asıl meseleye gelememiştir. Yani birbirlerine gerçek duygularını ifade edemeyen insanlar, daha kontrolsüz şekilde tepkilerini ortaya koyarlar.

Aynısı ebeveyn çocuk ilişkisi için de geçerlidir. Çocuğuna zarar geleceğinden kaygılanan bir ebeveyn, ona öfkelenmeyi seçebilir. Halbuki konu duyduğu tedirginliktir fakat çoğu ebeveyn bunu ifade etmeyi tercih etmez.

Kısacası düşüncelerimizin her zamanki güvenli ve konforlu koltuğunda oturmayı seçersek yaşadıklarımızı hep aynı manzarada izleriz. Bu bölümden çıkarılabilecek sonuç şu olmalıdır: Konfor alanını değiştirmek için çemberin dışına çık. Nasıl mı?

Mesela:

- Aynı fikirde olmadığın insanlarla bir araya gel, onlarla konuş.
- Alışkanlıklarını, rutinlerini değiştir.
- Telefonunun zil sesini, duvar kâğıdını değiştir.
- Giyim stilini değiştir, ara sıra yeni şeyler dene.

HENÜZ KOŞAMAYABİLİRİM

Yeni mezun olup terapi vermeye başladığım yıllarda, yardım etme isteğimin karşımdakine zarar verebileceği ihtimali hiç aklıma gelmezdi. O zamanlar süpervizörüm bana şöyle bir şey söylemişti: "Ayağı burkulmuş biri, sana koşma isteğinden söz ettiği an, sen hemen onu elinden tutup koşturuyorsun."

O zamanlar anlamamıştım ne demek istediğini ama şu an anlıyorum. Koşma hedefi benim için normal olabilirdi fakat ayağı burkulmuş biri için acı vericiydi. Yani benim açımdan iyi olan, onun açısından iyi olmayabilirdi.

İşte bu gerçeklik, terapinin tam da kendisidir. Çoğu insan aynı durumda gelir görüşmelere. Yardım istediği için elinden tutulsun, koşturulsun ister. Halbuki istediği çözümün kendi açısından iyi olmayacağının farkına varmaz.

Sonuç olarak bir şeylerin hızlı iyileşmesini istediğin için kendini daha fazla sakatlama. Biraz yavaşla.

HAREKETSİZLİK DÖNGÜSÜNÜ KIR

-Canım hiçbir şey istemiyor = Yaptıklarımın karşılığını alamayacağım gibi hissediyorum-

Her davranışımızın altında bir kısırdöngü sistemi var. Hatta sonucundan mutsuz olduğun her davranışının sana iyi gelmeyen bir kısırdöngüye saplandığını söyleyebiliriz. Sistem basitçe şöyle işler:

Bir şeyi üşendiğin için yapmazsan, yapmadığın için kendine kızar, kızmaktan yorulur, yorulduğun için tekrar üşenirsin.

Zaman içerisinde *yapmak istemiyorum* düşüncesi, *yapamıyorum* inancına dönüşür. İlk başta zorlayıcı gelen şey yorgunlukmuş gibi görünse de ilerleyen zamanlarda, yapamıyor olduğunu düşünmek özgüvensizliğe dönüşür.

Ama sana yine de güzel bir haberim var. Aynı şey tam tersi için de geçerli. Bu döngüyü kırmanın iki yolu var:

1. **Başlangıçta davranışı değiştir.** YAP veya BIRAK ve YAPMADIĞIN için kendine kızma zihin yapamadıklarından dolayı kendine yükleniyorsa pasif bir tepki olarak hareketsiz, yorgun hissediyor olabilir. En basit örnek canımızın istemediği bir yere giderken kendimizi yorgun hissetmemiz. Bu yüzden bazen hedefleri rafa kaldırabilmek. Oraya "gitmemeyi kabul etmek" diğer adımların en güzel başlangıcıdır.

2. **Yapmak için istemeyi bekleme.** İşte buna istikrar deniyor. Çoğu insan harekete geçmek için istek bekliyor. Motivasyonu bekleyerek zaman kaybetme, çünkü başladığın şeyler devam ettiği sürece küçük küçük faydalarını gösterecek ve yaptığı şeyin karşılığını alan beynin bir zafer kazanacak. Uzun zamandır harekete geçemeyen biri, küçük bir zafer bile kazanamamış olabilir. Bu tip kişiler yavaş yavaş denemeyi bırakırlar. Fakat bir süre için göstereceğin istikrar, alacağın karşılıkla sana yeni yollar sunabilir.

KENDİNİ SOĞUTMA YÖNTEMİ

-Kimseyi kırmak istemiyorum-

Kimseyi kırmak istemiyorsan, sınırlarının ihlal edilmesine sesin çıkmıyordur ve buna razı gibi görünürsün. Böylece kendinden bir canavar yaratırsın. Bu tip insanlar genellikle ani değişimler yaşarlar çünkü taşıdıkları yükler ancak onlar çöktüğünde fark edilir.

Mesela sevdiğin bir restorana gittin ve çorba sipariş ettin. Çorba çok soğuk geldi ama garsona söylemek istemedin ve çorbayı hiç keyif almadan içtin.

Haftaya canın tekrar çorba içmek istediğinde aynı restorana gider misin?

Muhtemelen gitmezsin. Gözden kaçırdıkları bir hatayı dile getirdiğinde yaşanacaklardan kaçınmış olabilirsin ama "Çorbayı sıcak içmek isterim, bunu ısıtır mısınız lütfen?" demediğin için elde ettiğin sonuç ne oldu, sen sevdiğin restorandan uzaklaşmış oldun. Yani kimseyi kırmadın ama kendini de keyif aldığın bir yerden sırf "Çorbayı sıcak servis edin lütfen" demediğin için uzaklaştırdın kendini.

Halbuki geliştirici ve iyi niyetli bir ikazla çorbanın soğuk geldiğini söyleseydin belki bir daha hiçbir müşteriye aynı kötü deneyimi yaşatmamak için oradaki sistem kendini yenilerdi. Arzulanan kusursuz hizmet sistemini tetikleyebilirdin.

Kimseyi kıramadığın için sana nasıl davranılmasını istediğini söyleyemiyorsun ama günün sonunda ne oluyor?

Yüklerin ağır geldiğinde kırmamak için ifade edemediğin şeyler yüzünden o deneyimden keyif alamıyorsun, buna neden olanlara da içten içe öfkeleniyorsun. Sonrasında normal bir insan olarak duygularını davranışlarına dönüştürüyorsun ama bundan sadece sen haberdarsın. Yani kimse davranışlarını anlamlandıramıyor.

İlişkinde karşındakini yapıcı eleştirirken olumsuz yanları söylüyor olman onu senden uzaklaştırmaz. Aksine sınırlarının ne olduğunu belli eder.

"Sınırlarımı koyarsam çeker gider" diye düşünüp kaygılandığın bir ilişki yaşıyorsan, emin ol senin sürükleyebildiğin kadar devam edecektir o ilişki. Yani hem aynı restorana gitmeye devam ediyorsun, hem hâlâ soğuk çorba içiyorsun... İtirazın yok.

Sen buna razı olduğun sürece kimse seni mutsuz eden şeyin ne olduğunu fark etmeyecek, dolayısıyla düzeltme çabasına da girmeyecektir. Kimse olanı fark edemedikçe sen kızmaya devam edeceksin ve boş umutlarla anlaşılmayı bekleyeceksin. Ancak seni mutsuz eden şeylerle ilgili etrafındaki insanları bilgilendirmeye başlarsan, senin kurallarına uyamadıkları zaman verdiğin tepkileri daha iyi anlayabilirler.

Not: İkaz ettiğin halde restoranda önüne soğuk çorba gelmeye devam ediyorsa bu "Seni burada istemiyorum" demenin bir yolu olabilir. Yani bazı cevapları kabul etmelisin.

Üç kritik tavsiye:

1. Sınırlar sadece olumsuz yönlendirmelerle oluşturulmaz. Yani "Çorba neden soğuk?" sorusu bir sorunu tanımlarken "Çorbamı sıcak içmek isterim" çözüm içerir. Olumlu

yönlendirmelerle çok daha çabuk geri dönüşler almak mümkün.

2. Sınırlarını koyarken başkalarını kendinden uzaklaştırmıyorsundur, ilişkini sağlamlaştırmaya çalışıyorsundur sadece. Çorban sıcak geldiği sürece restorana gitmeye devam edeceksindir.
3. Sana senin istediğin şekilde davranılmasını istiyorsan, istemediğin şekilde davranan insanlara karşılık vermelisin. İlişki, bir denge meselesidir... Yani üç kuruşa üç köfte vermen gerekebilir.

Unutma sınır çizdiğin birini içeriye de dahil edebilirsin:

İLİŞKİDEKİ ROLÜNÜ BUL

Düşün ki bir tiyatro sahnesine çıkıyorsun ve elinde oynamayı bildiğin tek rol var. Sen bildiğin, alıştığın rolü sergilemeye başladığında karşında diğer rollerin kapıldığına şahit olursun. Şefkatli bir anneyi oynarsan, sınırları zorlayan bir çocuk veya sert mizaçlı bir baba figürü olursan karşında ondan hep onay almak istemiş birini bulabilirsin. Aynı şey senin için de geçerli, belki de sahnede sana ihtiyacı olan birini gördüğünde süper kahraman pelerinini takıp oraya atlıyor olabilirsin. Kısacası çoğumuz ilişki kurarken, geçmiş deneyimlerimiz, öğretiler ve değerler üzerinden **"kazançlarına inandığımız"** rollere bürünüyoruz. Bu yüzden kısaca **annesi gibi davrandığın birinin, çocuk gibi davranıyor olmasını eleştirme**.

"Bütün dünya bir sahnedir,
kadın ve erkekse ancak birer
oyuncu. Sırası gelen girer,
sırası gelen çıkar, nice roller
oynar ömür boyu..."

– Shakespeare

Herkes İyi Olduğuna İnandığı Rolü Seçer

Bu başlığın altına yazı yazarken ilk aklıma gelen söz şu oldu. Genellikle eğitim sistemini tarif etmek için kullanılır bu benzetme:

Bir balığa maymun gibi tırmanmayı veya bir maymuna balık gibi yüzmeyi öğretmek...

Bense şu şekilde tamamlıyorum bu önermeyi:

Hayatı boyunca bir balıkken maymun olmaya zorlanmış çocuklar, ileride, denizi çok sevdiği halde ağaçlara sarılarak yaşayan ve neden mutlu olmadığını anlamaya çalışan, kafası karışık birer canlıya dönüşüyorlar.

Mesela çocukluğunda sadece **"işe yarar"** davranışları tebrik edilmiş yetişkinler, ilişkilerinde kendilerini umarsızca bir başkasının yardımına koşar halde bulabiliyor. Başkasına yardım etmek tabii ki önemli bir meziyet fakat "Sadece işe yararsam, takdir edilirim" inancıyla kendini önceliğine almamış biri, en yakın dostuna ihanet ediyordur. Yani kendine.

Unutma:

Seçtiğin rolde gelişirsin.

FLORENCE NIGHTINGALE SENDROMU

-Aranızda sınırların olmadığı kişiler tarafından daha fazla sevilmiyorsunuz. Varlığınıza değil, vericiliğinize saygı duyuluyor.-

Dünyanın ilk hemşiresinin ismini içeren bu sendrom, yardıma muhtaç hastalara bakım verme halidir. Ben Florence Nightingale sendromu ifadesini, ilişkilerini sadece karşısındaki insana yardım etmek, hizmet vermek üzere kuran insanları tanımlarken kullanıyorum. Bu tip insanlar tabii ki sadece yardıma ihtiyaç duyanları tercih ediyorlar. İlişkilerinde kendilerini değerli görme stratejileri tam olarak "yardım verme" eylemi üzerine kurulu.

Bu durumdan mustaripsen, birlikte olmayı seçtiğin insanı neden çekici bulduğunu kendine sor, kendi içinde bunu enine boyuna sorgula lütfen. Yaşadığı kötü şeyler için ona destek mi olmak istiyorsun? Ailesinden dışlandığını anlattığında ona sahip çıkmak mı istedin? Onun hikâyesindeki "kötü" kişiler seni de öfkelendirmeye mi başladı?

Sıraladığım sorulara genelde olumlu cevaplar verdiysen, ilişki seçiminde Florence Nightingale sendromu yaşıyor olabilirsin.

Not: Tabii ki ilişkilerde birbirimize iyi geliriz, bu doğal, fakat başkasının kurtarıcısı olarak başladığımız her ilişki taşıyabileceğimizden çok fazla yük bırakır omuzlarımıza.

Senin gerçek bir kurtarıcı olmaya açık olduğunu anlayan biri, kurban davranışları bile sergileyebilir biliyor musun? Fakat asıl kurban, kurtarıcının tam da kendisi olur bu hikâyede. Bu yüzden hasta-doktor ilişkisi hastanelerde kalabilir.

Dikkat et!

Başkasının hikâyesinde kendini kurtarıyor olabilirsin.

DERS SEN ÖĞRENENE KADAR DEVAM EDER

Kendini kötü hissettiğin bir durumun içindeyken, hayatın eline bir pinpon topu verdiğini hayal et. Kendini yaşadıklarından dolayı katılaşmış biri gibi düşün. Hayat her seferinde sana bir top atıyor, çünkü top sana çarpıp oyuna geri döndüğü için, döngü de devam ediyor. Topu hayat fırlatıyor gibi görünüyor ama aslında sadece senden sekip geri dönüyor sürekli. Bu oyunu nasıl durduracağını bilmiyorsun. Bazı oyunlar, ancak karşılık geldiği sürece devam eder. Hayatın, elindeki pinpon topunu atmaya devam etmesinin sebebi, topun her seferinde sana çarpıp tekrar geri dönmesidir.

Peki ya top senden geri sekmezse ne olur?

Döngüyü bozmuş olursun!

Muhtemelen top geri gelmediği için oyun da devam etmez değil m? Çünkü kimse attığı topun geri gelmediği bir oyundan keyif almaz. Yani bu da demek oluyor ki hayatın topu fırlatmasını engelleyemesen de sana çarpıp duran bir toptan sonra oyunu durdurabilirsin. Yani buradan şu sonuç çıkıyor, kendini kötü hissettiğin her yerde "oyundaki rolünü" fark ettiğinde oyun sona erer çünkü oyunun bir parçası olmazsın.

Derse Dönüştürülmeyen Dert

Carl Gustav Jung "Bilinçdışımızı bilince çıkarmadığımız müddetçe başımıza gelen şeylere KADER deriz" diyerek ifade etmiş aslında bu durumu. Bu cümleyi her düşündüğümde "Neden başıma hep aynı şeyler geliyor? Benim kaderim bu!" diyerek yaşadıklarını ya da başına gelen her şeyi hayatın bir sillesi zanneden insanlar aklıma geliyor.

Ağladığı için annesi tarafından kızılan, kızıldığı için de daha çok ağlayan küçük bir çocuk gibi hepsi. Çocuk ya da anne, yaşananlardan kendilerine düşen dersleri çıkarmadığı sürece bu döngü de kendi içinde dönmeye hep devam edecektir.

DUYGU AYNASI

Elinde tuttuğun kitabın özelliklerinden biri de ayna olma özelliğidir. Evet, kitabın ayna özelliğini kullanmak istersen, terapi görüşmelerimde sıkça kullandığım **"Duygu Aynası"** tekniğinden bolca faydalanmanı öneririm, çok işe yaradığını zamanla fark edeceksin. Hatta hemen şimdi ilk denemeni yap ve ilerleyen sayfalar boyunca her aklına geldiğinde bir kez daha dene.

Duygu Aynası tekniğinin matematiğini anlatayım sana önce:

Bilinçsizce yapılan seçimleri okumaya dayalı bir yol bu... Çoğumuz, bilinçsizce yaptığımız seçimlerimizle aslında temel düşüncelerimizin ve ifade etmediğimiz gerçek ihtiyaçlarımızın ipuçlarını ortaya koymuş oluruz.

Hadi küçük bir deneme yapalım:

Elindeki kitabı kapa ve rasgele bir sayfaya git... Sonra gözüne çarpan ilk kelimeyi oku...

Bulduğun kelime, hayatınla ilgili sana ne düşündürüyor?

Zihnimizin kelimelerle yaptığı çağrışımlar çok önemlidir. Zihnin arka planında açık unutulmuş, çalışmaya devam eden programların ne olduğunu görmemize yarar.

Bulduğun kelimenin zihninde çalışmaya devam eden hangi düşünceleri su yüzüne çıkardığını hatırla ve kitabı ihtiyacın olan konular üzerinden dilediğin yerden başlayarak oku...

Unutma ki diğer bütün ilişkilerinde olduğu gibi bu kitapla kurduğun ilişkiyi de kitaba duyduğun ihtiyaç belirleyecek. Elini korkak alıştırma.

Kaybeden Ben miyim?

"Ben hayatıma devam edemezken o hayatına çok da güzel devam ediyor, kendimi aptal gibi hissediyorum!"

Bu yakarışı tanıyoruz. Bedeninde kesilen yerinin acımaması seni süper kahraman yapmaz, aksine orada sinirlerin arızalı olduğunu gösterir. Yani ayrılırken canının acımadığı bir ilişki yaşadıysan, orada bir deneyim oluşmamıştır ki zaten, o halde ne yaşadın, neden yaşadın?

İnsan manzarayı izlemek için çıktığı tepede gözlerini kapatarak oturur mu hiç?

Eğer acı çekiyorsan ilişkini hakkıyla yaşamışsındır.

"Doğru yaşamışsındır, yanlış yaşamışsındır" diyemem –ki bunu kimse kimseye diyemez– ama ayrılırken duyduğun acıdan yola çıkarak yaşadığın ilişkide cesur, samimi ve gerçek olduğunu söyleyebiliriz.

Hissediyorsan, yaşıyorsundur.

Mutluluklar sahte olabilir ama acı her zaman gerçektir ve samimidir. Mutluluk maskelenebilir ama acının yüzü hep açıktır. Acı, kıymetli bir veridir. Bir yaşam belirtisidir.

Filmlerde de görmüşsündür muhakkak. Doktorlar, bacaklarının felç olma riskiyle karşı karşıya olan hastaların ayak parmaklarına iğneyle dokunurlar, reaksiyon gelecek mi diye. Çünkü o bölgede acı varsa, umut da vardır.

"Tekne limanda güvendedir
ama teknenin amacı
bu değildir."

DÜŞÜNDÜĞÜN GİBİ DEĞİL

Sosyal medya hesaplarımda anlattığım bir hikâyeyi burada seninle de paylaşmak isterim. Bir gün psikoloji dersinde bir hocamız, misafir olarak sessiz sedasız, sakin bir adamı tahtaya çıkardı ve bize dönüp sınav yapacağını söyledi.

Adamı karşımıza oturttu ve onun nasıl hissettiğini anlamamızı istedi. Hepimiz merakla ve heyecanla adama dikkat kesildik, incelemeye başladık. Gözüne, yüzüne, ifadesine, oturuşuna, duruşuna, eline, ayağına bakarak birtakım sonuçlar çıkarmaya çalıştık.

Sonra bir öğrenci parmak kaldırdı ve adama "Nasılsın?" diye sordu.

Sınavın doğru hamlesi buymuş meğer.

"Nasılsın?" diye sormak...

Sanmak yerine sormak, yapılabilecek en akıllıca, en basit ve en etkili hamle olabilir. Bunu aklında tut. Sandıkça (zannettikçe), bilme ve öğrenme şansımızı yitiriyoruz. Yani zannettiklerimiz, işin özünü/aslını anlamamıza engel oluyor!

Bir psikolog olarak hikâyelerine tanıklık etme fırsatı bulduğum çoğu insanın ilişkilere dair inançlarının aynı zamanda onları engelleyen faktörler olduklarını gözlemliyorum.

Mesela **taze ayrılık acısı yaşayan birinin "Beni üzen bir ilişkiyi neden özlerim?" demesi burkulan ayağının acımaması kadar mantıksız. İnsanlık dışı, çünkü acır, çünkü özlersin.**

Yaralanan ya da darbe alan bir yerinin acımaması orada sinirlerin arızalı olduğunu gösterir. Yani ayrılırken canının acımadığı bir ilişki yaşadıysan, orada bir deneyim oluşmamıştır ki zaten.

O halde neden yaşadın?

İnsan manzarayı izlemek için çıktığı yerde gözlerini kapar mı?

Eğer acı çekiyorsan ilişkini hakkıyla yaşamışsındır. "Doğru yaşamışsındır" demiyorum ama "cesur" olduğundan söz edebiliriz.

Korku, hissetmeye alışkın olduğumuz duyguları, keşfetmeye cesaretimizin olmadığı yeni yaşantılara tercih eder. Yani **HİSSEDİYORSAN YAŞIYORSUNDUR.**

YORUM HATASI

Şimdi sana üç tane semptom veriyorum!

Terleme, titreme ve kalp çarpıntısı...

Bu semptomları mütemadiyen gösteren kişi hakkında ne düşünürsün?

Ciddi bir fiziksel rahatsızlığı olabilir, mutlaka doktora görünmeli... (?)

Psikolojik bir rahatsızlık yaşıyor olabilir, anksiyetik olabilir... (?)

Panikatak geçiriyor olabilir... (?)

Kötü tahminler değil, hepsini ihtimaller arasında saymak mümkün ama neden öncelikle en travmatik seviyeden başlıyoruz tahminde bulunmaya?

Bunu da düşünmeye davet ediyorum seni.

Bütün ihtimallerin en kötüsü üzerinden düşünmeye başlıyor olmamızın sebebi ne?

Oysa verdiğim bu üç semptom çok başka bir sebepten dolayı da tekrarlanıyor olabilir.

Mesela sadece âşıktır ve hoşlandığı kişiyle derslerde yan yana geldiğinde terlemeye ve titremeye başlıyordur. Kalbi ağzından çıkacak gibi atıyordur.

Bu aynı zamanda aşkın da semptomlarıdır.

Geceleri yatağını ıslattığı için "Bu çocuk hangi korkularıyla yüzleşiyor, psikolojisi neden bozuk?" endişesiyle doktor doktor gezen insanlar tanıyorum ben.

Oysa bütün mesele çocuğun boyu uzasın diye annesinin ona geceleri bolca su içiriyor olmasında olamaz mı?

Olabilir.

Belki de çocuğa geceleri su vermeyi kesmek gerekiyordur sadece. Bazen bu kadar basit noktalara odaklanmanın hayat kurtardığını düşünüyorum ben.

Ama bütün ihtimaller arasında en basit ve en mümkün olanı aramak yerine en travmatik olanından düşünmeye başladığımız için, suyu kesseler yatağı bir daha hiç ıslatmayacak olan çocukların, doktora gidip gelmekten psikolojik sorunlar yaşadığına ikna olduklarına tanık oldum. "Benim psikolojik sorunlarım var, galiba korkularımla yüzleşiyorum" diyen çocuklarla çalıştım.

"Acaba travma olabilir mi, korkuyor olabilir mi, hasta olabilir mi, şu olabilir mi, bu olabilir mi?" derken bir de bakarsın ki çözüm arayışı problemin ta kendisi haline gelmiş.

Demem o ki, **her semptom tam olarak bir soruna işaret etmeyebilir. Düşünme biçiminin seni maniple edip etmediğinden emin olmalısın.**

Örneğin belki yalnızlığınla başa çıkamadığın için o kişiye daha fazla anlam yüklemiş, karnın çok aç olduğu için o yemeği daha çok beğenmiş, tedirginliğini bile aşk ile karıştırmış olabilirsin.

YETİŞMEK İÇİN KOŞMAK DEĞİL, YAVAŞLAMAK GEREKİR

Bu hikâye başına gelen kötü deneyimleri anlamlandırmana yardımcı olacak:

Zamanında Anadolu'nun küçük bir köyünde, köy halkı ormanın içerisinde boynuzlarında doğal işlemeler olan esrarengiz bir geyikten bahsedermiş. Bir gün meraklı bir kız geyiği bulup güzel bir kare yakalamak için elinde fotoğraf makinesiyle ormana girmiş.

Ormanda gezinirken o kadar heyecanlıymış ki küçük bir kuşun daldan dala konarken yere düşürdüğü ağaç parçalarının çıkardığı sesin geyikten geldiğini düşünecek kadar tetikteymiş. Yürürken her an geyiğin karşısına çıkma ihtimaline karşı elinde tuttuğu fotoğraf makinesini o kadar sıkmış ki elleri terlemeye başlamış. Birdenbire uzakta bir hareket çekmiş dikkatini.

Orada!

Tam karşısındaymış geyik. Genç kız, gözlerinin şahit olduğu bu güzelliği fotoğraflayıp unutulmaz kılmak için geyiğe doğru koşmaya başlamış. Eğer yeterince yaklaşabilirse çok güzel bir fotoğraf çekebileceğine inanıyormuş. Hızla hedefine doğru koşarken ayakları birbirine dolanmış ve düşmüş. Geyik, yaşanan bu hareketlilikten ürküp kaçmış hemen.

Kız bir yandan geyiği kaçırmanın verdiği üzüntüyü yaşarken diğer yandan da ayağının acısına katlanmaya çalışarak kalkmış yerden. Umutsuzluğa kapılsa da biraz ötede geyiğin paniğinin yatıştığını ve tekrar otlamaya başladığını fark etmiş. Bu sefer kaçırmak istemiyormuş onu.

Yavaşça atmaya başladığı adımları, geyiği yine elinden kaçırabileceği kaygısı yüzünden hızlanmaya başlamış. Öyle kontrolsüzce koşmaya başlamış ki tekrar yuvarlanmış yere. Ama bu sefer bir önceki sakatlığı daha da kötüleşmiş, üstelik makinesinin de camı kırılmış. Geyik yine korkup hızla uzaklaşmış oradan.

Makinesinde oluşan büyük çatlağa bakıp artık geyiği kovalamaktan vazgeçmeye karar vermiş. Zaten yürümekte çok zorlanıyormuş artık. Yorgun ve kırgınmış dönüş yoluna geçtiğinde. Bütün bunların bir zaman kaybı olduğunu düşündüğü sırada, başından beri yakınlaşmak istediği geyiğin tam karşısında otladığını fark etmiş. Bu kez nedense kaçmıyormuş. Sanki makinesinin kırılmasını beklemiş gibi, alay edercesine kafasını yukarı kaldırıp sonra aşağı indirmiş ve otlamaya devam etmiş. Kız şaşkınlık içinde geyiğin bu sefer ürkmediğini hissetmiş çünkü artık karşısında, üzerine koşarak gelen ve onu yakalamaya çalışan biri yokmuş.

Kız oracıkta öylece geyiği izlemeye devam etmiş ve bir şey keşfetmiş. Amacına ulaşmak için hikâyenin başından beri sadece biraz yavaşlaması gerekiyormuş aslında. **Bazen yetişmek için koşmak değil, yavaşlamak gerekir.** İşin ilginç yanı kız, yolda aldığı yaralar sayesinde yavaşlayabilmişti. Canı yanmıştı ama sonunda istediğine ulaşmıştı işte. Hem de ondan tamamen vazgeçmişken...

Bu bir geyik hikâyesi değil tabii ki. Bu hikâye, arzularının kendi yoluna çıkan en büyük engeller olduğunu fark etmeyen, karşısındaki insanı hayalindeki insana dönüştürmek için boş yere çabalayan, hayatın temposundan daha hızlı koşmaya çalışan ve en önemlisi de kötü ve acıtıcı tecrübelermiş gibi görünen olayların aslında insanı dönüştüren iyi olaylara hazırladığını fark etmeyenlerin hikâyesidir!

Bu yüzden derler ya **çok istediklerin olmaz, istemeyi bileceksin.** Yoksa hayat kaybetmene izin vererek şevkini kırar, böylece sonraki deneyimde daha dikkatli ve doğru istemeyi öğrenmeni teşvik eder. İlişki deneyimi dediğimiz şey bu!

U-MUTLULUK KAVRAMI

Sadece tek bir işe yoğunlaşabilen insanlara çok özenirim. Hayatımın hiçbir döneminde sadece tek bir işle uğraşamadım. İlgi alanlarıma, dinlenme zamanlarımdan bile çalarak vakit ayırdım hep. Dışarıdan bakınca birbirinden alakasız gibi görünen birçok şeyle uğraşıyordum *(bateri, basketbol, tenis, video düzenleme, oyunlar, balık tutmak)*, ergenliğimde uğraştığım çoğu şeyin yanı sıra ailem ve sevdiklerim sadece bir şeye odaklanmam gerektiği konusunda hemfikirdiler. Bir süre onlara hak vermiştim çünkü kendim de tek bir şeyin üzerine yoğunlaşmam gerektiğinin farkındaydım ve bu yüzden isteklerimi bastırmaya çalıştım. Fakat zaman geçtikçe çok alakasız gibi görünen uğraşlarımın aslında hayatımın ilerleyen aşamalarında çok işe yaramaya başladıklarını fark ettim.

Bundan biraz bahsedeceğim. Mesela ilk farkındalığım basketbolda oldu. Bateriye ilgi duyduğum için zamanlamam diğerlerinden daha iyiydi çünkü müzikle pratik yaparken ritim duygum basketbol topuyla kurduğum ilişkiyle çok benzerdi. Bu yüzden ellerim, ayaklarım ve top arasında, çok rahat bağlantı kurabiliyordum çünkü davul da çalabiliyordum.

Elbette bu avantajları sadece ben fark edebiliyordum. Başkası için çok küçük ama benim dünyamda ilginç tesadüflerdi. Ailem o dönem hâlâ tek bir şeye (okula) odaklanmamı istiyordu. Ben arada basketbola yani dolayısıyla spor psikolojisine merak sarmış oldum ve o dönemde kendim gibi olanları anlayabilmek için birçok araştırma yaptım. Psikolojinin spor alanını keşfederken geçmişte oynadığım oyunların dinamiklerini bağdaştırarak sporcular için çalışmalar tasarladım. Uğraştığım alakasız alanlar, gitgide hayatımda hem anlamlı bir hal almaya başlamıştı, hem de birbirini desteklercesine gelişim gösteriyordu benim açımdan. Hatta eğitimlerimi tamamladıktan sonra ilk seansımı internette müzik videolarımı takip eden bir meslektaşımın ofisinde yaptım, danışanlarımı burada görmeye başladım. Birbirinden bağımsız alanların hayatımın içindeki koordinasyonu enteresandı.

Milyoner filmini seyrettiysen bilirsin, yarışmaya katılan çocuk önüne gelen soruların yanıtlarını geçmişte yaşadığı ve son derece anlamsız görünen deneyimlerinin içinde buluyordu, fakat o vakte kadar hiçbirini neden yaşadığını henüz bilmiyor, hiçbirini anlamlandıramıyordu.

Şu sıralar oluşturduğum video içerikleri dahil birçok şeyi o zamanlar yakın çevremin boşuna vakit kaybettiğimi düşündüğü müzik oluşturma programları sayesinde düzenleyebiliyorum çünkü sistem meğer aynıymış.

Sonuç olarak hâlâ geçmişte ilgi duyduğum, öğrendiğim, vakit ayırdığım, uğraştığım ne varsa hepsinin iyi ya da kötü bana kattığı becerileri kullanıyorum. Belki de anlattıklarımın hepsi sadece hayatımı anlamlı kılma çabasından ibaret bilmiyorum ama şunu çok net biliyorum ki neyi neden yaptığımızı bilmediğimiz, uğraştığımız şeylerin nereye varacağını öngöremediğimiz zamanlarda kendimizi mutsuz ve kafası karışmış hissedebiliyoruz. Uğraşlarımız sırasında boşunaymış gibi görünen şeylerin yaşanan tek bir olayla anlam kazanabilmesi çok sihirli geliyor bana. O an hiçbir şeyi boşa geçirmediğine ikna olursun. Bunun mutlulukla kesinlikle ilgilisi var.

"Her şerde bir hayır vardır" sözünün bendeki karşılığı tam olarak bu. Beni seninle buluşturan olaylar zincirini de düşünecek olursan senin açından ve benim açımdan ilginç yerlere çıkabiliriz. Zihnimizi bu yönde çalışmaya alıştırdığımızda, hayat hikâyemizin örüntüleri içinde yeni bağlantılar bulabiliyoruz.

U-MUTLULUK kavramı basitçe şudur:

Yaşadığın şeylerin gelecekte bir işe yarayacağı hissiyatı, geçmişte yaşadıklarının boşuna yaşanmadığı düşüncesi...

ANLATI KİMLİĞİ

-Hayat hikâyeni nasıl anlatırdın?-

Hayat hikâyeni anlatma şeklin şu anki haletiruhiyen hakkında da genel hatlarıyla psikolojik profilin hakkında da çok önemli veriler sunar.

1985 yılında Dan. P. McAdams'ın ortaya koyduğu **anlatı kimliği** kuramına göre hikâyelerini kurban rolüne bürünerek anlatanlar, daha iyimser anlatanlara göre kendilerini çok daha kötü hissediyorlar.

2012 yılında yapılan bir çalışmada *(Grant ve Dutton)* anlatımlarda yapılacak küçük değişikliklerin bile, büyük ve olumlu duygusal etkiler yarattığı kanıtlanmıştır. Yani bu da demek oluyor ki hikâyeni anlatırken bazı küçük ayrıntıları değiştirerek kendini daha iyi hissedebilirsin.

Şunu deneyebilirsin mesela:

Güvendiğin birinden senin hikâyeni bildiği kadarıyla anlatmasını iste. Bakalım kulağa nasıl gelecek ve neleri değiştirmeye karar vereceksin? Yapacağın küçük değişimlerin hayatındaki büyük etkilerini izlemek emin ol senin açından son derece heyecan verici olacaktır. Üstelik haletiruhiyen sen bu değişimi gerçekleştirirken zaten değişmiş olacak. Tadını çıkar.

"Bir insana gücünü,
öyküsüyle olan bağı verir."

Hikâyeni Kısaca Yaz

"Karamsar biri olarak"	"İyimser biri olarak"

Hangi Sen'e İnanacaksın?

Şimdi sana senin hikâyeni anlatacağım, bakalım hangisine katılacaksın?

1. Bu yaşına kadar gelmiş, yanlış seçimler yapmış, hak etmeyen insanlara şans vermiş, ulaşamayacağı hedefler belirlemiş bir sen...
2. Bu yaşına kadar gelmiş, cesurca yaşamaya devam etmiş, hedeflerine genel olarak ulaşmayı başarmış ve kıymetli tecrübeler edinmiş bir sen.

Bu iki senaryoya bakarsak ikisi de pekâlâ doğru olabilir ama sen hangisine inanıyorsun?

İlk senaryoya inanan: Hayattan daha çok şey bekleyen, kendini başaramadıkları için suçlayan ve motive etmeye çalışan biri. Bir yanı hayata çok kızgın, gerçekçi olma çabasıyla kendini kendi mahkemesinde ağır şekilde yargılıyor.

İkinci senaryoya inanan: Kendini yargılamadan kabul eden, kendi hakkını kendine teslim eden, kolay kolay pişmanlık duymayan, enerjisi yüksek biri.

KENDİYLE SAVAŞANLAR KULÜBÜ

- Yaşadığın olaylardan sonra oluşan doğal duyguların sırasında "Bunları şimdiye kadar atlatmalıydım" diyerek kendine mutfak robotu gibi davranma. Hepimiz insanız ve duygularımız var. Duygularının üzerinde kontrol kuramıyor olmak seni endişelendiriyor, korkutuyor olabilir fakat bunlar geçici şeyler, merak etme.
- Hikâyende kendini başkalarıyla kıyaslayıp "Herkes yapıyor ben yapamıyorum" diyorsan, merak etme kimse zannettiğin gibi her şeyi yapamıyor.
- "Her şeyin suçlusu benim" cümlesi sana tanıdık mı geliyor? Kaldırabileceğinden fazla sorumluluk hissediyor, dolayısıyla fazla sorumluluk üstleniyor olabilirsin. Bu cümle "Her şeye gücüm yeterdi" cümlesinin kardeşidir. Yani insanın kendini güçlü hissetmek istemesinin bir yansımasıdır.

Şimdi biraz RAHATLA! Daha iyi hissetmek istiyorsan bence kendini biraz küçült. Kendini çok güçlü hisseden insanlar küçülmekten korkmayanlardır, yani koskoca dünya düzeninde kapladığın yerin ne kadar küçük olduğunu ve etki alanını fark et. Bunu başarabilirsen her şeye ulaşamayacağını, gücünün her şeye yetmeyeceğini anlarsın. Bazı şeyler senin kontrolünde değildir, kontrol edemezsin. Gösterişli, büyük manzaralardan çok etkilenmemizin sebebi de muhtemelen bu. Orada bizden daha büyük bir şeylerin olduğunu hatırlıyoruz.

"Yarattığımız kimliklerin üzerimizdeki baskısını, kaldırılamayacak hale geldiklerinde fark ediyoruz."

Ayrıca şunu da unutma:

Kimse senin hayatını daha önce yaşamadı, herkes hâlâ kendi hayatının amatörü ve sen İYİ GİDİYORSUN!

BENİM YÜZÜMDEN

Her şey için kendini suçlayanlardan mısın? O halde gel biraz da bundan söz edelim. Çocuklarla ilgili ebeveynlere verdiğim bir seminerde konuşmamın ortasında bir hanımefendi söz istedi. Muhtemelen bir çocuğun velisiydi. Yüzünde konunun dışında bir şeyler soracağına dair bir ifade vardı. Seminerlerde hepimizin kafasından binlerce soru geçer ve genellikle sorulan sorular kişilerin içdünyalarıyla ilgili olur. Kendisini işaret ettiğimde oldukça nazik ve tedirgin bir sesle şöyle bir soru yöneltti: "Hocam bir insan neden her şeyin suçlusuymuş gibi hisseder?"

Soruyu duyduğumda konuştuğumuz konudan çıkarım yapmaya çalıştım. Çocuğunu yetiştirme konusunda suçluluk duyduğu hissediliyordu. Bu tip soruların cevapları bazen insanın kabul edemeyeceği veya olasılık vermediği yerlerde saklıdır. Bu yüzden her cümleyi doğru karşılığıyla anlamak gerekir. Duyduğum karşılığı ona aktarmak için şu soruyu sordum: "Şu an kurduğunuz cümle tam olarak ne anlama geliyor biliyor musunuz?"

O an yanlış bir şey sorup sormadığından tedirgin oldu ama seminerlerde en sevdiğim sahnenin yaşanmasına az kaldığını hissediyordum. "Nasıl yani?" diye sordu.

Şöyle dedim: "Her şeyin suçlusu benim cümlesi her şeye gücüm yeterdi cümlesiyle kardeştir. Yani bütün olayların sorumlusu olarak kendini görüyorsan her şeyin sana bağlı olduğunu da düşünüyorsundur. Kendini suçlamanın sebebi, güçsüz hissetmen değil, aksine güçlü hissetmeye çalışmanla alakalı. Kısacası her şeyi kontrol edemediğini anladığında, kendini suçlamayı da bırakırsın."

Sonrasında konuşulanlar ruhunda bir yere dokunmuş olacak ki daha kısık bir sesle *"Her şeye yetişemem haklısınız..."* diyerek iç geçirdi. Bence kendini ikna etmeye çalıştığı bir cümleydi bu.

Küçüldükçe İyileşme

Teslimiyet cümleleri insanı rahatlatır. İnançla söylendiyse tedavi de eder. Her şeyi kontrol etmeye çalışıyordu ama bu mümkün değildi. Çok güçlü olup çocuğunu korumak istiyordu. Çocuğunun kimlerle arkadaşlık ettiğini, okulda ne yiyip ne içtiğini, tabletinde hangi videoları izlediğini, ileride nasıl biri olacağını, her şeyi kontrol edebilmeyi istiyordu çocuğu için, onun üşümesine sebep olan rüzgârı bile...

Çok garip değil mi?

Güçlü hissetmek için güçsüzlüğüne şahit olması gereken bir varlık insanoğlu. Mesela bir kayıp yaşadığında *(özellikle mezarlıklarda daha çok hissedilir)* dünya için "gelip geçici" yakıştırması yapılır. Kısıtlı zamanın farkındalığıdır bu. Ürkütücü ama ilginç bir şekilde rahatlatıcıdır da. Sadece diğerlerinden biri olduğu gerçeğiyle yüzleşir insan. Sonrasında eski koşturmasına döneceğini bile bile, canını sıkan veya yetişemediği çoğu şeyin anlamsızlığını düşünür. Yüklerini kısa bir süre kenara koyar hatta bazen bırakır. Bu da demek oluyor ki yerkabuğu üzerinde kapladığımız alanın ne kadar küçük olduğunu hatırlatan anlar bizi güçsüzleştirmiyor aksine kontrolü biraz bırakmamızı sağlıyor. Ben buna **küçüldükçe iyileşmek** diyorum.

ÇÖZÜM AYRINTIDA GİZLİDİR

Yıllar içinde seans odamda şöyle bir alışkanlık geliştirdim. Örneğin karşımdaki kişi kimse tarafından sevilmediğini söylüyorsa, hemen sevildiğini hissettiği o yeri bulmak isterim, orayı merak ederim.

Hiçbir şeyden keyif almadığını söylüyorsa, yapmaktan keyif aldığı o küçük ayrıntıyı eşelerim. Kimseye güvenmediğini söylüyorsa, güvendiği o kişiyi anlamak isterim. Çünkü bütün mesele genellediğimiz durumların ayrıntısında gizlidir. Kimseye güvenmediğini söyleyen kişi, güvendiği tek kişinin özelliklerini başkalarında arıyor olabilir.

Kimseye güvenmediğini söyleyen kişi, güvendiği tek kişinin özelliklerini başkalarında arıyor olabilir.

Şimdi ayrıntılara dikkat:

- Kimseye güvenmiyorum
  (Güvenini en çok hissetmek istediğin kişiler değişti)

- Kimseyi sevmiyorum
  (Zamanında birini sevmiştim)

- Kimseden bir şey beklemiyorum
  (Beklediğim kişilerden beklediğim şeyi bulamadım)

"Karşılığı alınmayan sevgi,
öfkeye dönüşür."

VAZGEÇİLMEZLİĞİN BİLMEM KAÇ SIRRI

Vazgeçilmez olmak ve böylece partnerinin üzerinde unutulmayacak bir etki bırakmak ister insanların çoğu. Kendi gücünü test etmek, kaygılarını bastırmak veya olası ayrılık senaryolarından daha güçlü çıkmak için yapar bunu genelde.

Çok sevdiğim bir söz vardır. Kelebeklerin olsun istiyorsan, onları yakalamak için koşturmak yerine, kendine güzel renkli çiçeklerle dolu bir bahçe yap... Kelebekler kendileri geleceklerdir ve orada olmak isteyeceklerdir. Diğer türlü uzaklaşmasınlar diye onları bir yerlere hapsetmen gerekir (*o da yakalayabilirsen tabii).*

Son zamanlarda görüyorum ki bazı insanlar, vazgeçilmez olmak için kendi bahçelerini güzelleştirmek yerine karşındakinin hiçbir zaman içinden çıkamayacağı bir kafes üretme çabasında... Halbuki "kelebekler" bahçelere sadıklardır, kafeslere değil. İnsanlar da ilişkilere bağlıdırlar, mükemmel, güzel, zeki, oyuncu kişilere değil. Ne demişler körün gözü açılınca kırdığı ilk şey bastonu olur. Yani birinin tercihi değil de vazgeçemeyeceği bir ihtiyacı olmaya çabalarsan, senden gidebildiği ilk an gücünü üzerinde test edebilir.

Sonuç olarak:

Vazgeçilmez olmayı arzulamak, kendini ancak kovalandığında değerli hisseden hassas ruhların meselesidir. Ayrıca "Ya bir gün terk edilirsem?" korkusunu kaldıramayan bir benliğe de işaret ediyor olabilir. O yüzden başkası gidemesin diye duygusal duvarlarından bir kafes yapmaya harcayacağın enerjiyi kendi bahçeni güzelleştirmek için kullan. Merak etme kelebekler gelecek.

Bahçeni güzelleştirmek için şunları deneyebilirsin:

1. Yaparken zamanının nasıl geçtiğini unuttuğun bir uğraş bul kendine. **Bir şeyler üret!** Mantıklı olmasına gerek yok. Çocukluğunda yaptığın şeylere benziyor olabilir çünkü bir duyguyu ilk deneyimlediğimiz zamanlardaki aktiviteleri yapmak bize mutluluk veriyor. (*Bu yüzden birini sevdiğinde ona karşı çocuklaşıyorsun çünkü bu durum, benzer duyguyu ilk kez yaşadığın yere götürüyor seni, yani çocukluğuna.*)
2. **Kendine yatırım yap.** Her gün kendi belirlediğin bir mesafeyi yürü, dışarı çıkamıyorsan iki yeni bilgi öğren ve arkadaşlarından birine bunları anlat. Küçük büyük demeden maddi birikim yapmaya başla. Kendine istikrarlı biçimde yaptığın küçük yatırımların, büyük kazançlara dönüştüğünü gördüğünde çok şaşıracaksın. Hadi şimdi başla.
3. En önemlisi. **Hiçbir yere koşturmak zorunda değilsin.** Kendinle hiçbir şey yapmadan da durabilirsin. Böylesi durumlarda zamanını doldurmak için elin hemen telefonuna gitmesin.

Sana dünyadan elini eteğini çekip, yalnızlığın evreninde bir keşiş ol demiyorum. Sadece kendine de tahammül et diyorum. Sen kendinle kalamazsan, başka biri sana neden eşlik etsin? Bu saydıklarımı yapmak zor geliyorsa uzun süredir kendinle vakit geçirmediğinden olabilir.

Vazgeçilmezliğin bir sırrı olsaydı kesinlikle kendinle iyi geçinmek olurdu çünkü herkes kendisiyle problem yaşıyor ve biz insanlar kendiyle iyi anlaşan insanları kolay kolay bırakamayız. Bırakmayız.

UNUTULMAZ OLMAK MI, MUTLU OLMAK MI?

Birinin hayatı boyunca unutamadığı insan olmak istiyorsan, her şey yolunda giderken onu terk et, ilişkini bitir... Başına ne geldiğini, hayatında neler olduğunu hiç anlayamayacağı için hep seni konuşacaktır, hep seni düşünecek, hatta seni hiç unutamayacaktır.

"En tatlı geldiğin zaman kendini
yedirmeyi kesmeli,
uzun süre sevilmek isteyenler
bunu bilirler."

– Nietzsche

Şaka bir yana, birinin hayatında unutulmaz insan olmak ona yaşattığın eşsiz duygularla ilgili değildir çünkü bunu kontrol edemezsin. Hissettikleri onunla alakalıdır. Bunları harekete geçiren sensindir. Yani eşsiz olan hissettirdiklerin değil, ilişkidir! Yani sen dünyanın en iyi aşçısı da olsan karşındaki insanda tat duyusu gelişmemişse pişirdiklerini beğenmeyebilir.

Onu aramamak, sormamak, terk etmek gibi klişe taktikler peşinde koşmayı tercih edersen, evet unutulmaz biri olursun ama onun yanında da olmazsın.

Hedefini iyi belirle:

Mutlu bir ilişki mi yaşamak istiyorsun?

Partnerinin geçmişinde unutamadığı bir insan olarak mı kalmak istiyorsun?

Eğer cevabın unutulmaz olarak kalmaksa yazının başında önerdiğim şeyi yap. Mutsuz ama unutulmaz bir insan olarak hayatına devam et.

İlişkileri anlamlı kılan unutulma, bitme, tükenme ihtimalleridir. Bitme ihtimali olmayan hiçbir şeyin içinde anlam yoktur. Tıpkı ömür gibi... Bir gün bitecek olması ömrü de anlamlı kılıyor. Unutulmaz olmak seni tatmin edebilir fakat mutluluk ikinizle ilgilidir.

SORUN NE SENDE NE DE ONDA

Son zamanlarda piyasaya çıkan kişisel gelişim kitapları, mutlu ilişki sürdürmenin yollarını şaşırtıcı şekilde hep karşı tarafı doğru maniple etmek üzerine kurulu.

Taktikler, taktikler, taktikler...

Kovalanmak için kaçmak gerekiyor, vazgeçilmez olmak için bedel ödetmek gerekiyor, yemeğin hesabını ona ödet, bla bla bla ve daha bir sürü şey.

Ancak bütün bunların yanında aynı kitaplar kişinin kendini sevmesinden, kendine saygı duymasından, hatta kendini iyi tanımasından da söz ediyorlar. Her ikisinin birden gerçekleşebiliyor olmasını düşünmeye çalışmak bile çok saçma değil mi?

Hesabını ödeterek mutlu olan, hesabını verirken mutsuz olur.

"Kendime saygı duyacağım ama karşı tarafı olmadığım birine ikna edeceğim. Kendim gibi davranırsam ilişkim yürümeyecek ama ilişkim yürüyor olduğunda ben artık ben bile olmayacağım."

Demem o ki sana bilgi diye satılan bu dayanaksız öneriler, günün sonunda başarısız olan aslında senmişsin gibi hissettiriyor. Kendini eleştirebiliyor olman elbette çok kıymetli, ama bunu yaparken hatırlaman gereken çok önemli bir şey var:

Sorun ne sende ne de onda...

Çoğu insan, hep karşı tarafı suçlar ama gerçek sorun İLİŞKİDEDİR. *(Bu yüzden insanlar aslında ilişki terapilerine kendilerini değil ilişkilerini getirirler, yani hastalanan kişiler değil ilişkilerdir.)*

Sadece senin üzerinden ya da sadece onun üzerinden soruna bakmak, sağlıklı çözüme ulaştırmaz.

Biliyorum bunu kabul etmek kolay değil, çünkü ilkinde sadece karşı taraf suçludur ama asıl sorunun ilişkinin kendisinde olduğunu kabul etmek, sorumluluğu iki tarafa da yükler, yani kimse sorundan muaf değildir.

Unutma ki bir ilişki, iki kişiyle yaşanır.

Bir şeyleri değiştirmek istiyorsan sorumluluğu biraz da üzerine almakla işe başlayabilirsin.

Kendine sorabileceğin yol gösterici sorular:

- **Bu ilişki beni neden çekiyor?**

....

....

....

....

....

....

Bu soruya verdiğin cevaplar sadece onunla ilgiliyse *(yakışıklı, merhametli, güzel vs.)* saydığın özelliklerin sende neyi tamamladığına odaklanmalısın.

- **Mutsuz bir hayatım olduğu için mi bu ilişkiyi seçiyorum yoksa yaşadığım ilişkiyle kendimi daha da mı mutlu hissediyorum?**

....

....

....

....

....

....

Bu soruya vereceğin yanıt ilişkisinin her an bitebileceğinden şüphe eden birine dönüştüğünü gösterebilir, bu şüphe kendi sınırlarını koruyamadığın için seni dönüştürebileceği anlamına da geliyor. Hemen kendini suçlama! Çünkü senin yerinde kim olsa bitmesinden korktuğu bir ilişkiyi ayakta tutabilmek için çok şey yapardı. Sıradaki konu seni tam olarak ilgilendiriyor. Kalemi eline al ve altını çizerek oku.

EN ETKİLİ İLİŞKİ TAKTİĞİ: KENDİN OLMAK

"Kurgulanmış senaryolarla
yaşanan ilişkiler çağında,
insanlar rollerinden çıktıklarında
film bitiyor."

Şimdi sana ilişkilerini mahvedebileceğinin en güzel taktiklerden bahsedeceğim. Bence sen sunduğum başlıkların tersini uygula!

1- Ona güçsüzlüğünü belli etme!

Yanında güçsüzleşemediğin kimseyle ilişki yaşayamazsın. Aksine bağlarımızı güçsüz yanlarımızla kurarız. Diğerine duyduğumuz şefkat bizi birbirimize sıkı sıkıya bağlar. Aksi sadece bir tiyatro oyunu olur. Ama "O benim güçsüzlüğümü kullanır, her an üste çıkmak için hepsini getirip önüme koyabilir" diyorsan, sorun burada kendini ona açmanda değil, onun senin açtıklarınla ne yaptığındadır. Konu önüne ne koyduğun değil, kimin önüne koyduğun.

2- Gitmesine engel olma, bırak gitsin!

Bırakma, gitmesin. Çabala ve uğraş. Her şeyin sonunda "Elimden geleni yaptım" diyebilecek kadar uğraş. Sevdiklerin için savaşman gereken zamanlar var.

3- Kimseye ihtiyacın yokmuş gibi davran, kendini bir şey zannetmesin!

Hepimizin birine ihtiyacı var. Ben bu satırları sana ulaştırmaya çalışırken sevgili editörüm de alışkanlık haline getirdiğim dağınık cümlelerimi düzenliyor mesela. Herkesin birine ihtiyacı var. Biz bağ kurma ihtiyacı duyan varlıklarız. Tek başınalık olgusu günümüzde çok fazla pompalanıyor. Bu kitapta ayrımını özellikle yapmak istediğim en önemli konu bu. Başkasıyla daha sağlıklı ilişki kurmak için, önce kendimizle iyi ilişki kuracağız.

4- Asla arayan, yazan taraf sen olma!

Bırak bu tavsiyeleri. Sen dilediğinde, dilediğince ara ve yaz. Kendine de "Ne kadar güçsüzüm, aramamaya hiç dayanamıyorum" diyerek kızma. Kendinde tuttuğun her şey yaşamı daha da zorlaştırır. Yalnız kaldığında göğsüne fil ağırlığınca oturan o kararsızlık hissinin seni yiyip bitirmesine izin verme.

5- Karşısında ağlama, kimse güçsüz biriyle olmak istemez!

Ağla, hatta içinden geliyorsa gidip ona "Sensiz yapamıyorum, beni affet" bile diyebilirsin. Kısacası içinden sevgiye dair ne geliyorsa yap. YAP Kİ **GÖR, kendin olduğunda karşındaki kim oluyor ve neye dönüşüyor?**

Sana sarılıp "Birlikte her şeyi hallederiz" mi diyor yoksa gördüğü ilginin sarhoşluğunu yaşayıp senden uzaklaşıyor mu?

Bütün bu taktiklerle olmadığın biri gibi davrandığın sürece seninle kalacak biriyle SENİN NE İŞİN VAR?

Saat kırıldı diye zaman durur mu?

Durmaz. Saatin kırıldı diye giden insanlara zamanını verme.

"HEP BUNLARDAN DOLAYI KAYBETMEDİN!" Sadece artık YANLIŞ İNSANLARLA DEĞİLSİN.

KAPILARI AÇIK TUTMAYA İLİŞKİYİ KURTARMAK DENİR

Karşında söyledikleriyle yaptıkları birbirini tutmayan biri varsa davranışlarına bak, çünkü söyledikleri olmak istediği, davranışları ise olduğu kişiyi gösterir. Sana değer verdiğini söyleyen ama bunun için emek vermeyen biriyle birlikteysen kafandaki kişiyle ilişkiyi devam ettiriyorsundur karşındakiyle değil. Çoğu insan ilişkinin başlarında bu tip önemli sinyallere önem vermez, görmezden gelir. Sonrasında "Nasıl oldu da bu hale geldik?" diye yakınırlar. Zaten hep o haldeydiniz, değişen bir şey olmadı ki, sadece sinyalleri görmeye karar verdiniz artık, hepsi bu.

Söylemler ve tutumlar arasındaki farkların *(sinyallerin)* neler olabileceğine birlikte bakalım:

- **Trafikte emniyet şeridini ihlal ediyor veya sinyal vermeden şerit değiştiriyor:** Acil bir durum yoksa ileride senin de sınırlarını ihlal etmesi mümkün.
- **Her şeyi senin için hallediyor, mükemmel bir şey bu:** Mu acaba? Göründüğü kadar mükemmel olmayabilir, ilişkide var olmak ilişkinin sorumluluklarını paylaşmakla mümkündür. Açıkçası herkes kendisi için bir şeyler yapılmasını ister ama seni dinlendirerek *(pasifleştirerek)* dünyayı bir cennet haline getirmesi, kendisinin

yokluğunda seni ona muhtaç bir durumda bırakabilir. Bu yüzden sadece seni mutlu etmek üzerine yaşanan ilişkiler, biterken sadece seni mutsuz eder.

- **Kızdığında seninle alakalı aklında tuttuğu küçük bir ayrıntıyı kullandı:** Kendini güvende tutmak isteyen biriyle karşı karşıya olabilirsin. Öğrenilmiş bir davranıştır bu. Kendileriyle alakalı fazla ayrıntı paylaşmazlar, güvensiz hissederler ve gizemli tarafları vardır. İlerisi için biriktirdiklerini beklemediğin bir anda kendi inandıkları şekliyle masaya serebilirler.
- **Emniyet kemerini arkadan bağlıyor:** Sıkıya gelemiyor olabilir. Kendi güvenliğini yok sayan biri, ilişkide de her konuda "Bir şey olmaz!" anlayışını benimseyebilir. Çok basit ayrıntılar bunlar biliyorum, fakat insanlar hayati sinyalleri basit ayrıntıların içinde veriyorlar.

*"Gerçek sevgi,
sonunda ayrılık var
gibi görünse bile,
insanın sevdiği
kişiyi mutlu
olacağı yere doğru
uğurlamaktan
çekinmemesidir.
Eğer kişi sevdiğini
uğurlamaktan
çekinir ve
sahiplenmeye
kalkarsa, kendine
hizmet etmiş olur."*

– Erich Fromm

NEDEN BİR TÜRLÜ AYRILAMIYORUM?

"Bir şeyden onu görmezden
gelerek değil
ancak onu yaşayarak
kurtulabiliriz."

– Cesare Pavese

Yolunda gitmeyen bir ilişkin var ama ayrılamıyorsun. Her yolu denedin ama olmuyor. Şimdi örnek vereceğim kişi sen olabilirsin.

Kendini ilişkinin içine hapsolmuş hissediyorsan, asla bitiremeyeceğini düşünüyor olabilirsin. Kontrolün sende olmadığına inanıyorsundur muhtemelen.

Ayrılmakta zorlanan insanların maruz kaldığı birtakım kısırdöngüler vardır. Önce bunlardan söz edeyim sana:

Diyelim ki Ayşe yaşadığı ilişkiden hiç memnun değil ve ayrılmaktan başka yol yok ona göre. Bunu kabul etmiş, hatta ayrılmaya son derece hazır.

Fakat unuttuğu çok önemli bir şey var.

Bu ne olabilir sence?

Evet...

Onca yaşanmışlık...

Ayşe sanki ilişki yaşadığı insanı hiç tanımıyormuş gibi yaşanmışlıklara kayıtsız kalarak ve hiçbirini umursamadan, canı yanmadan çekip gitmek ve acısız bir şekilde ayrılmak istiyor.

Tıpkı senin gibi.

Fakat döngünün ikinci ayağı çok ilginç... Ayrılığın düşüncesiyle bile baş edemeyen Ayşe, doğal olarak kendini kötü hissetmeye ve içinde şunu sorgulamaya başlıyor:

"Acaba onu bırakabilecek kadar güçlü müyüm?"

Tehlikenin büyüğü bu sorunun içinde yatıyor. Fark ettiysen "Ancak ve ancak güçlü olursam onu bırakabilirim" gibi bir güç sahibi olmanın önemine inanıyor.

Şimdi sana soruyorum:

Rahatlıkla bırakamadığın, hayal ettiğin gibi acısız ayrılamayacağın bir ilişkin varsa kendini nasıl hissedersin?

Tabii ki güçsüz hissedersin, değil mi?

Ayrılamıyormuş, gidemiyormuş, ona muhtaçmış, onsuz olamazmış, onsuz yarım ve sakat kalırmış, bin pişman olurmuş, sadece onunla yaşıyormuş gibi düşünürsün.

Yine bir kısırdöngü:

"Ayrılamayacak kadar güçsüzüm."

"Güçsüzsem mutsuzum."

"Mutsuzsam bu ilişkiyi istemiyorum."

İşte kendimizi çıkmaza soktuğumuz, içinden çıkılması güç bir döngü... Yeri gelmişken ayrılığı zorlaştıran bazı düşünce kalıplarına da bakalım:

"Acaba benden sonra onu bir başkasıyla görürsem canım yanar mı?"

"Benden sonra çok mutlu olursa buna dayanabilir miyim?"

"Ondan ayrıldıktan sonra mutlu olamazsam ve çok pişman olursam ne yapacağım?"

Neye ihtiyacımız varsa karşımızdaki insanda o niteliği öncelikli olarak algılarız. Karşında sana ihtiyacı olan biri varsa, muhtemelen sana kendini güçlü hissettirdiği için o ilişkide olabilirsin. Belki senin bile fark etmediğin mekanizmalar seni ilişkide tutuyor olabilir.

Peki bu ne demek biliyor musun?

Ayrıldığın kişi sadece sevgilin olmayabilir. Belki sana ebeveynlik yapan birinden ya da çocuğun olarak desteklediğin birinden ayrılıyor da olabilirsin. Bunlar bile ilişkini neden sonlandıramadığının sebepleri arasında yer alıyor olabilir.

O yüzden bu aşamada kendine çok yüklenme derim.

"Ben güçsüzüm. Verdiğim kararın arkasında duramıyorum. Ayrılmak istediğim halde bırakmaya cesaretim yok, pişman olmaktan korkuyorum!" diye kendini yargılamadan evvel bir daha düşün. Belki senin yerinde başka biri olsa, o da vazgeçemezdi bu ilişkiden ama kendi sistemini anladıktan sonra her şey düşündüğünden daha basit hale gelecek! Bu yüzden kitabı okumaya devam et...

"En çok da kaçtığımız kavgaların
yaralarını taşırız."

– Fernando Pessoa

BEN YAPAMAM O YAPSIN

Savunma mekanizmalarımız bizi her şartta daha az acı çekmeye programlar. Yani bir ilişkinin sonlanmasından, karşı tarafı içten içe sorumlu tutmayı istemek, ayrılık acısı ihtimalini en aza indirebilir. "Ben bu ilişki için elimden geleni yaptım" diyebilen kişi daha baş edilebilir hislerle boğuşur.

Ayrılıklar türlü türlü!

Bazen insanlar ayrılık kararını karşı tarafın vermesini beklerler.

"Ben istemedim o istedi."

Neden böyle düşünüyor dersin?

Çünkü ayrılık kararının sorumluluğunu taşımak istemezler.

"O sebep oldu."

"O mahvetti ilişkiyi."

"O bitirdi her şeyi."

"O istedi böyle olmasını."

Bu argümanların görünmeyen yönü "Suçlu ben değildim!" cümlesidir.

Dolayısıyla problemlerde kim suçsuz taraf olmak istemez ki? Böylece hem bitirebilmek hem de suçsuz kalabilmek adına pasif-agresif tepkiler başlar. Bu tip tepkiler direkt olarak verilmez, örneğin karşı tarafla anlaşma isteği olmayan biri gittiği restoranın yemeğini beğenmeyebilir. Her şeyi eleştirir ve geçinebilmeye engel olacak bütün konuları, bütün noktaları kurcalar. Yani burada asıl tepki karşıdakine verilmiştir. Böylece bu tepkiler karşı tarafı kendinden soğutma isteğine dönüşür. Çünkü problem çıkarmak karşı tarafın sınırlarını zorlayarak korumalı bir alandan "Seni istemiyorum ve beni bırakman için sana sinyaller yolluyorum" gösterisidir.

Bu da tanıdık geliyor sana değil mi?

Ama ayrılığın sorumluluğundan kaçmak isteyenler çoğunlukla şu cümleyi duymayı bekliyorlar içten içe:

"Bir süre önce gönlümü bir başkasına kaptırdım. Onunla gitmek istiyorum. Bir daha karşına çıkmayacağım. Sosyal medya hesaplarında gözükmeyeceğim. Bir daha beni asla göremeyeceksin."

Ondan soğumayı mı bekleyeceksin, yoksa zaten bitmiş bir ilişkiden sen de bir an evvel çekip gitmeyi mi tercih edeceksin?

Sonuç olarak bir ilişkinin bitişiyle, sonlanması aynı tarihte olmayabiliyor, çoğu insan bitmiş ilişkilerini sonlandır(a)madan senelerce devam ettirebiliyor. Hatta çevrede ilişkilerini bitiremedikleri için hayatlarını birleştiren o kadar çok insan var ki... Bu yüzden bazen düğümlenmiş ilişkiyi kurtarmak, cesaret toplayıp "suçlu" damgasını hak etmesen de taşıyabilmeyi gerektiriyor. Sen yapamazsan ben yapıyorum, çat!

"Bitirmek istemiyorum,
ama, belki sürdürdüğüm,
bitmiş bir şeydir."

– Oruç Aruoba

NEFRETİN TUZAĞINA DÜŞME

Ayrılıklarda canı çok yananların tutunmak için aradığı dallardan biridir nefret. "Ondan nefret edersem kolay ayrılırım, canım yanmaz" düşüncesinin işe yaradığı tek bir kişiyle karşılaşmadım.

Birlikte olduğun insanın hoşuna gitmeyen özelliklerine odaklanarak, şimdiye kadar yaptıklarıyla ya da yapmadıklarıyla ilgili onu suçlayıp küçümseyerek ayrılığa hazırlanamazsın. Bunu deneyip de başarılı olan varsa beri gelsin.

Unutma ki nefret de aşk kadar kuvvetli bir duygu. Yani birinden nefret edebilecek seviyeye gelmen, ona güçlü duygular besliyor olmanla ilgili. Ondan ayrılsan bile, onu nefretle eşleştirdiğin için kalbinde hâlâ ona ait bir oda bulunuyor olacak.

"Sevginin karşıtı nefret değil,
kayıtsızlıktır."

– Rollo May

Şimdi sana soracağım soruyu hemen cevaplamanı istiyorum. Elinde onun duygularını kontrol edebileceğin bir kumanda olsa hangi duyguyu hissetmesini isterdin?

Verdiğin cevaplar ona acı çektirmek üzerineyse, sen hâlâ acı çekiyorsundur. Kayıtsız kalabilmiş biri, yani sevgisi/bağı sonlanmış biri, onu kendi haline bırakmayı tercih eder, onun canının istediği gibi bir hayat sürmesini diler.

EL ÂLEM TERÖR ÖRGÜTÜ

Gelelim şimdi el âlem meselesine:

Hayatını bir magazin muhabiri merakıyla yakından takip edenler, üzerinde ister istemez bir baskı oluşturuyor olabilir. Ben de bu satırları yazarken kim ne düşünür diye umursuyorum tabii ki bu doğal, ama yazılarımın içeriğini sadece "diğerlerinin" mutluluğu üzerine kurmayı hedefleseydim, kitabın adı "Üç Adımda Unutulmaz Olma Rehberi" olurdu. Aslında düşününce fena değil ama bunu ben yazarsam üç adımı da terapi odasına doğru atmanı tavsiye ederdim. Bir, iki ve üç...

Şimdi dönelim el âlem meselesine. Bu tayfa seninle ilgili ileri geri konuşur, ilişkini sonlandırdığın için sana acıyarak bakabilir, hatta belki başarısız, işe yaramaz olduğuna, ilişkilerinde dikiş tutturamadığına bile hükmedebilir. Bu yüzden ilişkinde almak istediğin kararları erteliyor ve zorlu süreci uzatıyor olabilirsin ki pek tavsiye etmem!

El âlem grubu çoğunlukla ayrılıkları bir başarısızlık olarak yorumlar ve konuyu da etrafa böyle aktarır. Onlara karşı korumaya çalıştığın imaja leke sürülsün istemeyebilir, "İlişkileri hep sorunludur" diye yaftalanmaktan çekinebilirsin. Bir ilişkiyi sonlandırmak, beklenmedik ayrılıklar yaşamak, çoğu insanın gözünde büyük başarısızlık... Sanki bir ilişki ne kadar uzun sürerse, tarafların ödülü kucaklama şansı giderek artıyor.

Başkalarından onay alma isteği, hepimizin karar mekanizmalarını etkiliyor.

El âlem grubu sana muhtemelen "Hayattan daha ne istiyorsun?" diyecek. "Nankörlük etme, gül gibi ilişkin var, millet onu da bulamıyor, ilişkinin kıymetini bil, saçma sapan kararlar alma..."

Kulağına kötü gelmiyor olabilir kabul. Ama atladıkları bir şey var:

Duyguların.

Bir çiftin ayrılmayı becerebiliyor olması, beraberliklerinin ne kadar kaliteli olduğunu gösterir. En büyük hatalar ne yazık ki "Sensiz yapamam..." düşüncesinin hâkim olduğu ilişkilerde yaşanır.

Zorunlulukların mı yoksa tercihlerin mi seni o ilişkide tutuyor, bunu kesinlikle anlamalısın.

"Yeni birini tanımak için içimde hiçbir zaman güç ve istek bulamayacağım. Karşıma onun gibisi çıkmayacak. İstediğim gibi bir ilişki yaşamıyor olsam da en azından yalnız değilim, yalnızlığı göze alamam..." diye mi düşünüyorsun?

Senden önce milyonlarca insan seninle aynı şeyleri hissetti. Aynı insani nedenlerden dolayı ilişkisini sonlandıramadı veya birleşmedi. "Hemen bir karar vermeliyim" deme. Çünkü zamanın boşa geçmiyor. Sakin ol her şey için vakit var, her gidilen yolun, alınan kararın bir dönüşü var.

Şu kritik ayrıntıyı atlama: Sana değer veren insanların da aldığın kararlarda etkileri çok büyük! Onları mutsuz edeceğini düşündüğün kararlar senin mutluluğun için gerekli olabilir. Onları umursama demiyorum. Sadece kimse senin hayatını senin manzarandan seyretmiyor. Bu yüzden sana değer verenleri, kararlarına saygı duyanlar arasından seç.

Doğru insanları seçebilmek için üç madde:

1. Seninle aynı fikirde olmasalar bile seni suçlu ve zayıf hissettirmeyecek, senin ihtiyaçlarını anlayabilecek olan kişiler, fikirlerine ve sana saygı duyarlar.
2. "Ben olsam" yorumunu kendine saklayanlar. Senin yerinde o olsa ne karar verirdi diye sen de merak ediyor olabilirsin ama bunun cevabını almak sadece merakını giderecektir, fayda sağlamayacaktır yani. Ben olsam ne yapardım diye açıklamaya hevesli olmayan insanlar, iyidir.
3. Akıl vermeyen iyi dinleyiciler de değerlidir. Kendi bildikleri doğruya yönlendirmek yerine senin kendi doğru yolunu seçmen için seni desteklerler.

"Geçmişte alınan yaraların
hiçbir iz bırakmadan kapandığı
söylenemez. Ama yeniden
zedelenmemek için kaçınma
tepkileri geliştirmek insan
doğasına aykırıdır ve daha büyük
yaraların açılmasına neden olur."

– Engin Geçtan, *İnsan Olmak*

Kararlarını alırken kimse incinsin istemiyorsan, herkesin gönlü olsun diyorsan, senin için harika bir önerim var:

HİÇ KARAR ALMA!

Böylece kendin dışında kimseyi üzmemiş olacaksın(!)

İYİ Kİ KÖTÜ HİSSEDİYORUM

Ne zaman seans odasında karşıma hayatının yolunda gitmediği şikâyetiyle biri otursa, aslında bir şeyleri değiştirmek istediğini ama yerine ne koyacağından emin olamadığını gözlemlerim. **Kötü hissediyor olmak iyi bir şeydir.** Ben buna terapilerde "break point" (kırılma noktası) diyorum. Diğer türlüsü danışanım hakkında endişelenmeme yol açar. Yani değer verdiği birini kaybettiği halde tepki vermeyen, şok evresinden sonra yas sürecine girmeyi reddeden kişi, bana göre kesinlikle daha tehlikeli bir süreç yaşıyordur. Dolayısıyla hiçbir şeyden şikâyeti olmayan, fazla kusursuz bir hayatın içinde yaşadığını iddia eden kişi için de aynı şeyleri düşünürüm.

Şunu hatırla:

İyileşme sürecinden bir önceki adımda her zaman kötüleşme, durgunluk, yorgunluk ve yılgınlık vardır. Danışanlarım çoğunlukla bana yorgunluk ve çaresizlik aşamasında gelirler.

Aynı akış fiziksel hastalıklar açısından da geçerli. Grip olduğunda kendini yorgun hissediyorsan vücudun sana dinlenmen gerektiğinin sinyallerini veriyordur. Buna rağmen kalkıp çalışmaya ya da koşmaya devam dersen daha da hasta olursun ve çok daha uzun bir süre hasta yatağında yatmak zorunda kalırsın. Dinlenme aşamasını *(depresyonu)* ne kadar çabuk kabul edersen, süreci o kadar erken atlatacaksın demektir.

"Tedavi olmak istiyorsan,
yaranı açmalısın."
– Boethius, *Felsefenin Tesellisi*

Depresyon Günlüğü

Depresyon tanısı almış danışanlarımda uyguladığım bir Depresyon Günlüğü tekniğini seninle de paylaşmak istiyorum, işine yarayabilir. Kötü hissettiğin zamanlarda kendin için telefonunun notlar bölümüne *(tercihen bir deftere)* o gün neler hissettiğini yaz ve tarih at. Böylece gelecekte o deftere yazdıklarına bakıp sonraki duygu-durumuna rehberlik edecek bir içerik hazırlamış olacaksın. Duygularının rehberini yazarak kendi geleceğine ışık tutabilirsin.

Şimdi seninle başkalarının kayıp yas süreci, benim ise iyileşme haritası olarak adlandırdığım bir tabloyu paylaşacağım.

İYİLEŞME HARİTASI

Elisabeth Kubler Ross, 1969 senesinde yas evrelerinin haritasını çıkarmış fakat ben bu şemaya yas haritası demiyorum, **iyileşme haritası** diyorum. Tıpkı grip virüsünün vücuttan atılırken burnumuzun akması gibi. Aslında çoğumuz burun akıntısını gribin semptomu olarak algılıyoruz, fakat o aşama teknik olarak virüsün vücuttan atıldığı iyileşme evresidir. Kiminin burnu akar, kimi terler, kimi daha farklı semptomlar gösterir. İşte bu aşamaların kendini gösterme şekli de değişkenlik gösterebilir. Virüslerin bastırılmış duygular gibi kendilerini hiç belli etmediğini düşünsene, sonuçlar ne kadar korkunç olurdu değil mi? Yani demem o ki yas aşamalarına giriş yaptıysan ve kendini kötü hissediyorsan *(veya bir şey hissedemiyorsan)* daha önce hazırlıklı olmadığın yeni bir deneyime adapte olmaya çalışıyorsundur. Bir kayıp deneyimlediğimiz sürece uyum sağlamaktan bahsediyorum, çünkü kaybettiğimiz şeyler, kurduğumuz ilişkide hissettiklerimizdir. Yani eşyaları, insanları, hayvanları kaybetmekten öte onlarla ilişki kuran yanımızı kaybederiz. Örneğin birlikte eğlendiğin bir arkadaşının başka bir yere taşınması gerektiğinde, sadece arkadaşını değil, onunlayken içinden çıkan eğlenceli yanını da kaybedersin. Aynısı sevdiğin biri için de geçerli.

"Yas sadece bir ölümün ardından tutulmaz, sonlanan ve ilişki kurduğumuz her şeyle alakalıdır, çıkarıldığın bir iş, taşındığın ev ve hatta büyük annenden yadigâr bir yüzükle bile."

Hadi şimdi yasın bu evrelerine, daha doğrusu iyileşme aşamalarına birlikte bakalım:

1. İnkâr: Bu aşama şok ve kabullenememe aşamasıdır. Zihnin yoğun duygusal acısı ile başa çıkma yöntemlerinden biridir. Doğaldır. Sanki hissetmen gereken duyguyu hissedemiyormuşsun gibi de gelebilir. Yeni gerçekliğe adapte olurken, zihnin alıştığı düzende kalma isteğidir. Zaman içerisinde inkâr hafifler ve diğer evreler için duygusal yolculuk başlar. *(Kayıpları çok taze olan insanlar, bu aşamadayken kayıplarından bahsederlerken şimdiki zaman kipiyle konuşurlar.)*

2. Öfke: Öfkenin altında genellikle korku ve acı duygusu vardır. İnkâr aşamasından sonra öfke duygusunu saklandığı yerden dışarıya çıkarabilmek, acı aşamasına geçişimizi temsil eder. Basit bir şekilde düşünürsek, yürürken bir yere çarptın canın yanıyor ve yavaş yavaş oradaki acı daha fazla artıyor, aynı zamanda yanındaki arkadaşın hâlâ sana nerede yemek yiyeceğinizi sormaya devam ediyor. Öfkelenebilirsin değil mi? *(Ben olsam kesinlikle öfkelenirdim.)*

Buradaki öfke, fiziksel acının yansıyan ifadesidir. Ruhsal tarafta ise yas öfkesi kendini farklı şekillerde gösterebilir. Mesela tahammülsüzlük olarak gözükebilir. Yakın arkadaşlarla görüşmek istememek, anlaşılmayacağını düşünmek, bir daha hiçbir ilişki kurmak istememek ve içsel sorgulamalar, öfke aşamasının en yaygın semptomlarındandır. Sakinleşmek yerine ifade etmeyi denemek öfke ve buna bağlı saldırganlığı azaltacaktır (Bushman, 2002). Öfke aşamasını bilmediğin bir yerde kaybolmuşsun gibi düşün, yolunu bulup bulamayacağına dair korkuların farklı olaylara bu tepkiyi verme sebebin olabilir.

3. Pazarlık: Haberlerde bir kazada hayatını kaybeden insanları gördüğümüzde neredeyse hepimiz "O gün o otobüse binmeselerdi ne olurdu?" versiyonunu düşünmüşüzdür. Pazarlık aşaması bunun gibi bin bir çeşit senaryonun aklımızı kurcaladığı bir dönemdir. İnsanoğlu belirsizliği rahatsız edici bulan bir varlık, bu yüzden pazarlık aşaması kaybın bir nedene bağlandıktan sonra karşılığında geri alınmak istemesidir Mesela "Ona daha iyi davransaydım gitmezdi, bu sefer iyi davranacağım söz veriyorum..." ya da "Tekrar gelmesiyle benim için değerli olan bir başka şeyden vazgeçmeye hazırım..." gibi "Neyi yapsaydım, ne değişirdi?" sorularıyla yaratıcıdan, evrenden başka bir şans isteme evresidir.

4. Depresyon: Geleceğe dair umutsuzluk bu aşamada başlar. Öfke ve pazarlık tepkilerinin umutsuz bekleyişi, zihinsel bir yorgunluğa dönüşür. Genellikle ileriye yönelik planlar yapılmak istenmez. Anlamsızlaşma evresidir. Ben bu evreyi "insanın dönüştüğü haliyle daha tanışamaması" olarak tanımlıyorum. Yeni anlamı kabul etmeye hazır değildir. Bu yüzden değişimler için çabalamak ve bir şeye tutunmak istemez. Bu duygunun içerisinden çıkamayacağı düşünülür. Onsuz bir hayatın amacı bu evrede görülmekte zorlanılır. İnsanlar bu evreyi depresyon hastalığı ile karıştırırlar ama aksine depresif olaylara verdiğimiz depresyon tepkisi doğaldır. Buraya kadar yazdıklarımı yaşadıysan veya yaşıyorsan hayata tekrar dahil olmak adına deneyebileceğin şeylerden bu bölümün sonunda bahsedeceğim.

5. Kabullenme: Yas aşamalarında yeni duruma tam anlamıyla olmasa da adapte olma aşamasıdır. Son aşama değildir ama diğerlerinin yıpratıcı etkisi ve sıklığının azaldığı bir evredir. Duygusal nasırlaşma evresi olarak tanımlayabiliriz. Bir şeyler eksik kalacaktır. Fakat zaman içerisinde eksilen yanımızla birlikte hayata dahil olmayı öğreniriz. Ayrıca özlem duyma veya öfke aşamalarına dönüş sağlıksız değildir. Panik yapmana gerek yok. Şimdi deneyebileceğin birkaç şeyden bahsetmek istiyorum.

Burada da görüldüğü gibi problemler küçülmüyor bizler güçleniyoruz.

Aklında tutman gerekenler:

- Zorlayıcı olaylar karşısında kendini kötü hissetmek doğaldır ve sağlıklıdır.
- Depresyon, dönüştüğün yeni kişiye alışma sürecindir.
- Daha iyi hissetmeye çalışmak, kaybettiğimiz şeyi unutmaya çalışmak değildir. Aksine duygularımızın zorlayıcı kısmını atlatmaya çalışırız.
- Kendini suçlama, üzüntü, suçluluk, pişmanlık, öfke ve çaresizlik en tanıdık yas duygularıdır.
- Yas duygusunu kontrol etmeye çalışmak ıslak bir sabunu sıkmak gibidir. Elinden kayar ve düşer.

Şunları deneyebilirsin:

- Bilimsel çalışmalara göre paylaşmak acıyı azaltıyor. Hazır olduğunda seçtiğin kişiyle (bu bir terapist olabilir) kaybın hakkında konuş.
- İnsanlarla vakit geçirmeye çalış. Bilimsel çalışmalarda sosyal desteğin yas sürecini olumlu etkilediği bulunmuştur.
- Ruhsal sağlığınla ilgilenirken beslenme ve uyku düzenine dikkat et. Duygularını kontrol edemeyebilirsin ama küçük de olsa davranışlarındaki istikrarı korumaya çalış.

- Kısa süreli iyi hissettirecek zararlı alışkanlıklara eğilimli olunabilir. Dikkatli ol. Kendini iyi hissetmek için kuracağın bağımlılıklar (romantik ilişkiler de olabilir) büyük bir boşluğu kapatma isteğinden olabilir. Unutma karnın açken alışverişe gidersen ihtiyacın olmayan şeyleri alabilirsin. Aynısı ilişkilerin için de geçerli.

İnsanlar acının zamanla küçüldüğünü düşünürler.

Oysa acılar küçülmez biz büyürüz.

SANA İYİ GELMEYEN İNSANLARI HAYATINDAN ÇIKARMA

"Sana iyi gelmeyen insanları hayatından çıkar tatlım!"

Oldu. Hemen çıkarıyorum, ne var ki bunda, iki dakikalık iş!

Hop bak artık yoklar!

Bu kadar basit değil aslında. Sen de biliyorsun ben de biliyorum. Bu tavsiyeyi veren kişisel olarak gelişememiş insanları her gördüğümde acaba kendi hayatlarında durumlar nasıldır diye çok merak ediyorum inan. Bu tavsiyeyi veren kişi kendi hayatından çıkaramadıklarının acısını senin üzerinden tatmin ediyordur muhtemelen.

Maalesef sana iyi gelmeyen birini tişört değiştirirmiş gibi değiştiremezsin çünkü seni üzebilecek kadar bağlantı kurduğun biriyle çoktan ilişki kurmuşsundur ama şunu unutma **olumlu duygular kadar olumsuz duygular da bir ilişkide bağlanmaya sebep olabilir. Yani asıl mesele sana iyi gelmeyen insanları neden hayatına çektiğin.** Bir hayvanat bahçesinde yürürken "Aslanlar neden hep bana doğru yöneliyor acaba?" diye sorgularken elinde tuttuğun lezzetli eti fark etmemiş olabilirsin.

Nefret ettiğin birine de sıkı sıkıya bağlanabilirsin. Burada belki de ondan kopabilmek için nefreti bırakman gerekebilir. Bu noktada kişiden kurtulmaya çalışma onun sana hissettirdiklerini anlarsan buna neden izin verdiğini de keşfedersin ki çok daha yol gösterici olur.

Konu onunla değil seninle ilgili!

Vereceğim yöntemi bu yoldaki ilk adımın olarak kullanabilirsin.

Uzun uzadıya düşünmeden, aklına ilk gelen bir eşya ve bir renk ile onu tanımla.

Belirlediğin rengin hissettirdikleri *(kullanım alanları, sıcaklığı, soğukluğu, diğer renklerle uyumu)* ve eşya *(sivri, ağır, nadir bulunan, kırılgan, yaralayıcı)* bağlantılı olabilir.

Seçimlerinin hepsi olumsuz özelliklere doğru yönelmişse, seni o ilişkiye bağlayan da muhtemelen bu olumsuz duygulardır. *(İnsanlar öfkeliyken direkt olarak düşüncelerini saklayabilirler fakat başka yollarla ifade edilen düşünceler öfkenin gardiyanlarının arasından geçmeyi başarır.)*

Şunu deneyebilirsin!

SANA İYİ GELMEYEN İNSANLARI GÖZLEMLE!

Hayatından birini ya da birilerini çıkarmak kıymetli bir beceri kabul ediyorum ama bize iyi gelmeyen herkesi hayatımızdan çıkartırsak muhtemelen çevremizde kimse kalmayabilir. Çünkü herkesin kendi fikirleri, kendi davranışları ve günün birinde ters düşeceğin bir yanı ile karşılaşacaksın. Carl Gustav Jung şöyle demiş:

"Başkalarında bizi rahatsız eden şey kendimizi tanımamızı sağlar." Yani birinin sana neden iyi gelmediğini anlarsan ileride sana iyi gelmeyecek başka şeyleri de fark edersin. "Neden bana böyle yapıyorlar?" sorusu "Ben buna neden izin veriyorum?" düşüncesiyle yer değiştirirse ilişkisel kaderini elinde tutmaya başlamışsın demektir. Kendini tanımaya başlarsın. Düşünsene bir mıknatıs olduğunu anladığında neden hep iğneleri kendine çektiğini de çözmüş olursun. Kısaca kendini keşfedeceksin diye harap olduğun bir ilişkide kal demiyorum. Sadece oradan uzaklaşsan da üzerine çalışmalısın.

Merak etme kişinin değil, ilişkinin senin üzerindeki etkisiyle çalışacaksın. Bunun için birkaç yöntem göstereceğim.

Ayrıca bu muhteşem bir fırsat! Terapi görüşmesini iyi anlamda ileriye taşıyan en önemli bilgilerden biri karşımdakini etkileyen *(kötü/iyi)* bir ilişkisini bulmaktır. Danışanın kendiyle alakalı çok şey söylemesine yardımcı olur. Bir zincir en zayıf halkası kadar güçlüdür. Terapide amaç, zayıf halkayı güçlendirmek değil, zincirin taşıma kapasitesine uygun yükler seçmesini sağlamaktır.

Şimdi seninle deneyelim.

İlk adım

Hayatında sana "kötü hissettiren" birini düşün.

....

....

....

....

....

İkinci adım

Aşağıdaki cümlenin boşluklarını doldur.

Kendimi onunlayken .... hissediyorum.

(Ör. Yok sayılmış, işe yaramaz, anlaşılmayan, sevilmeyen)

Üçüncü adım

Boşluğu doldurduğun kelimeleri, sadece adını yazdığın kişiyle beraberken mi hissediyorsun? Hayatının başka alanlarında da az önce yazdığın duyguları deneyimliyor olabilir misin? Mesela onunlayken kendini "anlaşılmayan" biri gibi hissettiğini yazdıysan, bak bakalım işyerinde, arkadaşlarının arasında, sosyal hayatında veya aile içinde de aynı duyguyu hissettiklerin var mı? Ayrıca bu hissi etrafında kendi içinde yaşıyor olduğunu düşündüklerin de olabilir mi? İşte terapilerin bizi çıkardığı nokta tam olarak burası.

Dördüncü adım

Aşağıdaki iki soruyu cevapla:

"Anlaşılmadığımı" hissettiğim halde neden devam ediyorum/ettim?

....

....

....

....

....

Bu soru kötü hissetmemizin ana nedenlerinden biridir çünkü çoğumuz beklentilerimiz karşılığında hayal kırıklıklarına uğruyoruz.

Neden özellikle onun tarafından anlaşılmayı bekliyorum?

....

....

....

....

....

....

Bu soru ona yüklediğin beklentileri anlamanı sağlayacak. Böylece kendinde onu koyduğun yeri görmüş olacaksın.

Kısacası belki bir kediye havlamasını öğretmeye çalışmışsındır. Öğrenemediği için bir de kediye kızmışsındır.

Önemli bir not: İnsanlar bu tip ilişkilerden uzaklaştıklarında değil, artık eskisi kadar etkilenmediklerinde kendilerini daha iyi hissediyorlar. Kedi demişken, aynı yol, fobi tedavileri için de geçerlidir. Klinik gözlemlerime göre, eğer biri kedi korkusu için geliyorsa, görüşmelerin sonunda ilk olarak bir kedi sahiplenmeye istekli oluyor. Çünkü bu durum insan ruhunun "Sen benim zaferimsin!" demesinin bir şeklidir. Bu yüzden insan kendini kötü hissettiği insanlara karşı yine kendi içinde bir zafer kazanıyordur aslında.

ZAYIFLIKLARI AVANTAJA DÖNÜŞTÜR

Bir şey itiraf etmek istiyorum. Ben eski bir kekemeyim. Hatta bazen çaktırmadan içimden üçe kadar sayıp öyle konuşuyorum. Aynı zamanda şu an mesleğim gereği onlarca kurumdan binlerce insana seminerler veriyorum. Her seferinde hâlâ çok heyecanlanıyorum. Heyecanımdan dolayı anlatmayı unuttuğum konular bile oluyor zaman zaman. Bir süre bunun ciddi bir dezavantaj olduğunu düşünmüştüm. Bir konuşmacı, nasıl olur da konuşmasını unutacak kadar heyecan yapabilir? Üstelik bir psikolog. *(Tabii ki artık böyle düşünmüyorum.)*

Bir konuşmamda (sanırım TED-X konuşmasıydı) başlamadan evvel dinleyicilere "Çok heyecanlıyım, bu yüzden konuşmamın şekli değişirse endişelenmeyin, videoda altyazı ekleyeceğim" demiştim. Sağ olsunlar bir şey olduysa da hissettirmediler *(videoyu tekrar seyrettim, ne mutlu ki bir şey olmamış)*. Şaka bir yana endişe ettiğim bir durumu paylaştıktan sonra kendimi daha rahat hissettiğimi ve hatta dinleyiciyi konuya yaklaştırdığımı hissettim. Kendimde fark ettiğim noktaysa şu oldu: İnsanlar işinde uzman bir psikoloğu dinlemeyi seviyorlar fakat insan olan bir psikoloğu seyretmeyi daha samimi buluyorlar. Kimsenin elinde hayatın şifreleri bulunmuyor, sadece kendini keşfetmeyi öğrenen insanlar kendilerinin en güçlü yönlerinden yararlanıyorlar. Yani önceden de dediğim gibi zincirin zayıf halkası güçlenmiyor, sadece halkanın taşıdığı yükü değiştirebiliyoruz. Bu yüzden insanların karşısında heyecanlanmayı durduramıyorsam bunu bir avantaja çevirmeliydim. Nitekim o günden sonra heyecanımın yatışmasındaki en büyük yardımcım dinleyicilerle içimden gelen paylaşımlarım ve itiraflarım oldu. Yani zincirimin zayıf halkası taşıdığı yükle değil, birleştiriciliğiyle değer buldu. Böylece halkaların en anlamlısı oldu.

Diğer yandan konuşmalarımda dilim tutulduğu zamanlarda kendime ilginç bir çıkış yolu geliştirdim. Bu bir düşünce tekniği. Bana göre birçok insan bunu denemeli. Mesela anlatacağım bir şeyi unuttuğumda, hemen "unutmak" üzerine konuşuyorum. Böylece düşüncelerim unuttuğum şeyi hatırlamaya çabalamak yerine, devam ettiğim konuların patika yollarından ilerideki anayola tekrar bağlanır. Bunu her anlamda faydalı buluyorum. Mesela, yazmak için tek satır söz bulamayan bir şarkı sözü yazarı tam olarak "şarkı sözü bulamamak" üzerine bir parça yazmalı. Eminim çok etkileyici olur. Karşı tarafa kendini ifade edecek bir şey bulamıyorsan, kelime arama, tam olarak bu konu hakkında konuş mesela. Böylece bulunduğun durumdan kurtulmaya çabalamak yerine o durumdan beslenmiş olursun ki bu bence işin en önemli kısmı.

Kendindeki bir yarayı onarmaya çalışırken belki de seni herkesten ayıran özelliğinin üzerini kapatmaya çalışıyorsundur. Kendinle ilgili gurur duyduğun özelliklerinin aynı zamanda şikâyet ettiklerinle bağlantılı olduğunu söyleseydim ne düşünürdün? İlginç değil mi?

Çok başarılı olduğunu düşünelim ve kendinde şikâyet ettiğin en önemli şey ise takıntıların olsun. Bu iki özelliğin arasındaki en kuvvetli bağlantı, bir şeyleri kafana fazla taktığın için o şeyleri çok iyi yapmak zorunda kalarak başarıyı yakalıyor olabilir misin acaba? Şikâyet ettiğin takıntıların sayesinde çok övündüğün başarılarını elde ediyorsundur belki de, iyi düşün. Elbette takıntılı olduğun ayrıntılar yüzünden düşünsel olarak yorgunsundur fakat şikâyet ettiğin takıntın, kendinle gurur duyduğun bir başka özelliğinin ortaya çıkmasına sebep oluyor. Yani Mevlana'nın da dediği gibi ışığın yarandan sızıyordur.

Gerek Yok Deme

Kendimle ilgili çok sonradan öğrendiğim bir konudur bu. Sana da faydalı olacağını düşündüğüm için paylaşıyorum. Etrafındaki insanları uğraştırmamak, zorlamamak ya da yormamak için aslında çok istediğin halde "Gerek yok" veya "Benim için fark etmez, sana hangisi uyarsa" gibi karşılıkları sıkça veriyorsan, artık bazı şeyler senin için biraz fark etsin lütfen.

Yalnızken bile eğer çayının yanında şekeri yarım kullanmayı tercih ediyorsan, o şekeri kırmak için uğraş. Kahvenin yanında bir parça çikolata ayrıntısı seviyorsan es geçme. Ara, iste, bul, sipariş et... Kendinle iyi geçinmenin ilk adımı kimsenin görmediği yerlerde bile kendinle ilgili o küçük ayrıntılara özen göstermektir.

Evinde pijamayla otururken bile güzel kokmak için sıktığın o parfüm, dışarı çıkarken kimse görmese de özen gösterdiğin o iç çamaşırın, kendinle kurduğun ilişkide çok önemli bir role sahiptir. Küçük ayrıntılara dikkat et. Emin ol bu senin ruh haline de yansıyacaktır. Gerek yok değil. Bazen gerek var.

FEDAKÂRLIK DENGESİ

-Elin lazımken kolun sende kalsın-

Birini sevdiğinde her şeyini verirsen, ona kendinden verebilecek bir şey bırakmazsın geriye. En önemlisi kendinden eksiltmemek. Yani sevgin, ilgin, çaban söz konusuysa, kendine de bir şeyler bırakmalısın. Metafor parçalamak gerekirse, yürürken daha az yorulsun diye ayaklarını verirsen, ona gidemezsin, ellerini verirsen, ona bir bardak çay bile sunamazsın. Bütün bunlar onunla olan ilişkini etkiler. Burada hiçbir şey verme, sen daha önemlisin demeye çalışmıyorum. Kalbini verirsen, öncelikle sen hayatta kalamazsın, yaşayamazsın. İlişkin yok olmana müsaade etmemeli. Bu yüzden en güzel kavram **"eşlik etmek"** çünkü karşındaki insan, senin fedakârlıklarına hazır mı değil mi bilmiyorsun.

Başlangıçta fedakârlık dengesini sağlaman için sana üç yol önereceğim:

1. Kendinden vakit ayır ama kendine de vakit ayır. Sosyal bağlarını koparma, seni sen yapan aktivitelerini sonlandırma. Onsuz da hayata devam edebileceğin bir alan yarat.
2. Maddi beklentiler için riske girme ve bağlantılarınla *(çevrenle tanıştırırken)*, kademe kademe ilerle, acele etme.
3. Senden istemediği yoğunlukta iyiliklerde bulunma, fazlasını yapma. Fazla iyilik kötülüktür.

Sonuç olarak her zaman ona da bıraktığın bir adım olsun. Unutma çokça verdiğin ilişkilerde elinde hiçbir şeyin kalmadığında kendini de sevmeyebilirsin. Çaresiz kalmana göz yumacak birinin sana değer vermesinden bahsedebilir miyiz, iyi düşün.

Birini daha çok severek onun seni sevmesini sağlayamazsın.

KOPAMADIĞIN BİR İLİŞKİDEYSEN

Çok ilginçtir, kopamadığı ilişkiler yaşayan insanlara sorduğum ilk soru evlerinde gereksiz şeyleri biriktirip biriktirmedikleri konusunda oluyor çünkü nesnelere anlam yüklediğimiz gerçeğini göz önüne alırsak, atamadığımız şey nesneler değil, anılar ve anlamlardır.

Zihin düzenimizde yanımızda taşıdığımız, sahiplendiğimiz, hayatımızda tuttuğumuz her türlü nesnenin bir yeri ve karşılığı var. Mesela sadece iyi gözüktüğü için atamadığın boş bir vazo. Hayatında tuttuğun değerlerin işlevselliğinden ziyade görseline de önem verdiğini gösterebilir *(ki işlevi görseli de olabilir).* Tam tersi hâlâ işe yarayan bir gazoz açacağının, paslı görünüyor olması onu atmak için yeterli bir sebep değilse, ilişkilerinde de aynı tutumları insanlar üzerinden sürdürmen mümkün. Eşyalarımızı kendimize hangi mesafede koyduğumuz, koltuğumuzun dışarıya yönü *(hâkim olmak istediğimiz alanlara yöneliriz),* koltuğumuza yakın olan diğer kullanım alanları, içdünyamızdaki alışkanlıklarımızı rahatlıkla yansıtabilir. **Evimizin düzeni ruhumuzun bir yansımasıdır.**

Biriktiricilere dönecek olursak, bu tip insanlar genellikle duyguları, yaşanılanları, anıları biriktirirler, atamazlar. Bazı eşyalarından zor koparlar. Bir daha bulamayacaklarını veya bir gün kullanacaklarını düşünürler. Mesela eski ilişkisinden kalan son bir notu dolabının derinliklerine bırakan biri aynı şekilde zihninin derinliklerinde de o notu saklıyordur. Atmaya bir türlü fırsat bulamadım bahaneleri ise maalesef belki de hazır olunmayan bir vedanın göstergesi olabiliyor. Bilimsel çalışmalar gösteriyor ki insanların eşyalarıyla kurduğu ilişkiler, insanlarla kurduğu ilişkilere çok benziyor. Aynı zamanda odamızın içinin düzeni zihnimizin iç düzeniyle benzerlik gösteriyor.

Şunları deneyebilirsin:

- Kopamadığın ilişkilerdeki bağımlılık sorununu çözmeye, kullanmadığın halde atamadığın eşyalarından kurtularak başlayabilirsin.
- Kafanın içerisini toparlamaya odandan başlayabilirsin.

KENDİ BEDENİNİN DİLİNİ ÖĞRENMEK

-Hiçbir şeyi boşuna yapmıyorsun-

Düşünsene insanoğlu yürürken sakız çiğneyebilen, aynı zamanda müzik dinlerken kaldırım gördüğünde ayağını kaldırıp üzerine çıkabilecek kadar komplike işleri yapabilen bir varlık. Ne muhteşem değil mi?

Hatta şu an bile h7rfleri y1n7ş yazd9ğ7m halde ok^ma7a d^vam ediyorsun.

Yani demek istediğim aslında hiçbir ayrıntıyı kaçırmıyoruz. Aynı şey organlarımız için de geçerli, saliselik dengeyle çalışmaya bu kadar alışkın bir organizma nasıl olur da şapkasını, çantasını veya kalemini bir yerde unutabilir? **Mesela sevgilinin arabasında ya da odasında eşyalarını unutuyorsan Psikanalist Sigmund Freud'a göre oraya tekrar geri dönmek istiyor olabilirsin.** İlişkinde başını derde sokabilecek yazışmaların olduğu bir telefonu ortada bırakıyorsan bu tutumun, ayrılmak istediğin halde söyleyemediğin anlamına gelebilir. Konuşurken dilin sürçüyorsa, dilinin kaydığı kelimelerden pek çok sonuç çıkartmak mümkündür. İstemediğin yere giderken ayağının takılması, tedirginlikle imzaladığın bir belgenin üzerine kalemin düşmesi... Bu durum ancak bu kadar komplike çalışmaya alışmış bir beynin söylemeyi ertelediklerinin kontrolsüz bir yansıması olabilir.

En önemli beden sürçmelerinden biri de dildedir. Freud 1901 yılında dil sürçmelerini *Yaşamın Psikopatolojisi* adlı kitabında "kusurlu eylemler" diye isimlendirerek ifade etmiş. Freud'a göre dil sürçmeleri yaşarken bastırılan şey, kendini başka bir şekilde ifade etmek için çaba harcar. Bu yüzden unutulan, dikkatsizce yapıldığını düşündüğümüz *(yanlışlıkla olan)* şeylerde de bir anlam vardır.

Peki her yapılan hata bir anlam ifade eder mi?

Bu bilgiden sonra etrafındaki herkesi Freud'un gözlüğünü takarak incelersen, aldığın her selamın altında bile bir anlam ararsın ki ben bunu çok yorucu bulurum. Çünkü aynı Freud "Pipo bazen sadece bir pipodur, çok da şeetmemek lazım" da demiştir.

Eğlenceli birkaç analiz yapmak istersen şunları deneyebilirsin:

1. Partnerine sorabileceğin sorular: "Bir eşyamı sana ödünç vermemi istesen hangisini isterdin?" Herkes karşısındakini çağrıştıran eşyaları seçmeye meyillidir. Bak bakalım seni neyle eşleştirmiş? Dene ve gör.
2. Aklına sendeki anlamını analiz etmek istediğin birini getir ve bu kitaptan rasgele bir kelime seç. Bakalım gözün o kişiyi düşünürken hangi kelimeyi yakaladı? Bulduğun kelime onun özellikleriyle bağlantılı olabilir.

Şu Detaylar da Analiz Edilebilir

Ev bitkileri: Bitkilere bakmak süreklilik ve sorumluluk gerektiriyor. Eğer tanıştığın kişinin evindeki çiçekler sahteyse görünüşe daha çok önem veren biriyle olmayı düşüneceğini tahmin edebiliriz.

Çöplere dikkat et: Çöpler tükettiklerimizdir. Yani bizimle alakalı çok önemli ayrıntıları eleverebilir. Nerede duyduğumu hatırlamıyorum ama "İsteklerimiz olmak istediğimiz kişi, tükettiklerimiz ise biziz" demişti biri, bence müthiş doğru ve çok güçlü bir gözlem.

Mesela sağlıklı yemeye ve yaşamaya çalışan birini düşün. Mutfağında meyveler sebzeler ve daha birçok sağlıklı şey olsun. Çöpünde karşılaştığın şeyler abur cubur ise sağlıklı yaşamayı isteyen ama sağlıksız beslenen biri vardır karşımızda değil mi? *(Evde yalnız yaşamıyor da olabilir.)* Birini tanımak için gidip kimsenin çöpünü karıştırmanı tavsiye etmem ama güzel bir gözlem noktasıdır. Ayrıca bir diğer önemli gözlem noktası da tabii ki kitaplıklardır. Kitaplığa bakınca okumak istediği kitapların jilet gibi olduğunu fakat dergilerin okunmaktan yırtıldığını düşünelim. Bu veriden ne alabiliriz? Kitap okumayı çok istiyor ama beceremiyor, çoğunlukla dergi okuyor. Olmak istediğiyle olduğu insan, aynı bedende savaş halinde.

Dağınıklık çok şey söyler: Fazla dağınık biri varsa karşında, dürtüsel biriyle vakit geçiriyor olabilirsin. Bu tip insanlar, içlerinden yükselen merak duygusuna ve isteklere engel olmakta güçlük çekebilirler. Düzensiz oldukları için dağınık değillerdir, düşünceleri arasında sık geçişler yaşarlar, bu yüzden aldıkları şeyleri yerlerine koymayı unutup yenilerini ortaya çıkarırlar. Düşünceleri ve istekleri de aynı şekilde gerçekleştirirler.

Dürtüsel demişken:

Dürtüsel insanlar tüketmek istedikleri şeyi hemen elde etmek isterler. Meraklıdırlar, sabırsızdırlar. Yemek yeme hızlarıyla kendilerini hemen eleverebilirler. Cinsel hayatlarını yine aynı şekilde yaşarlar. Sonuca hızlı ulaşmaya meyillilerdir Yani dürtülerini acilen tatmin etme amacındadırlar. Hepimiz dürtü sahibiyiz fakat bazılarımız dürtülerinin kontrolü altında yaşarlar, iradeleri çok daha zayıftır.

Karşındaki insanın çabuk öfkeye *(çabuk sinirlenmeye)* meyilli olup olmadığını merak ediyorsan, yemeğini ne hızda yediğine dikkat et. Hızlı yemek yiyen insanların çoğu duygularını da tıpkı yemekleri gibi hızlı tüketirler ve çabuk sakinleşirler. Saman alevi gibi çabuk parlayıp çabuk sönerler. Ama öfkeliyken duygularına kapıldıkları için pek kontrollü de olamazlar. İsteklerine ulaşmak için önlerine çıkan her engeli yıkıp geçeceklerdir.

Bir insanın istekler aşaması şöyledir: Arzulama, talep etme, çabalama ve elde etme *(hak etme)*.

İstekleri, ebeveynleri tarafından henüz arzulama aşamasındayken direkt olarak karşılanmış olan çocuklar, artık birer yetişkin olduklarında talep etme ve çabalama evrelerinde son derece sabırsız tutumlar sergileyebiliyorlar. Bu sabırsızlık, öfkeye ve tahammülsüzlüğe dönüşebiliyor.

Dürtüsel insanların 5 özelliği:

1. Sıklıkla konuşmaların arasına girerler. Söylemek istedikleri ne varsa, hepsini hemen karşı tarafa iletme ihtiyacı duyarlar.
2. Duygularını ifade ederken *(heyecan, öfke)* aşırı tepkiler verebilirler.
3. Belirsizliğe tahammülleri zayıftır. Merak içerisinde kalmayı pek sevmezler.

4. Sorunları büyütürler. Duygularla etkileşimde "bekle" düğmesini görmekte zorlandıkları için, bir sorun olduğunda meseleyi çok daha büyük ve ciddiymiş gibi algılayabilirler.
5. Duygularına ve ihtiyaçlarına göre sıkça davranış değişiklikleri gösterirler. Yani dürtülerine göre şekillenirler.

İNSAN NEDEN ALDATIR?

"Bazen bir başkasının kendisiyle olan savaşından yenik çıkan biz oluruz."

Aldatmak başka birini seçmek değildir, sahip olduğundan vazgeçmemektir. Yani yaşanan bir ilişkinin bitmesine izin vermemektir. Herkes bir gün başka bir ilişki isteyebilir. Bu doğaldır. Aldatma eylemi, iki farklı hayatı aynı anda yaşama isteğidir. Bir tür kaybolma, bulamama ve aramaya devam etme halidir. **Kaybolan insan aldatır.** Partneriyle ilişkisini bitirmeye cesareti olmayan aldatmaya daha çok meyillidir.

Popüler bir soruyla başlayalım konuya: Bir insan kendinde değilken yaşadığı yakınlaşma aldatma sayılır mı? Mesela alkol alındığında vücut beyne "Şimdi zehirlendim, kesin öleceğim!" sinyali gönderir. Bu mesaj neslin geleceğe aktarımı konusunda metabolizmayı uyarır. Bu yüzden libido yükselir ve karşı cinse yaklaşma girişimi söz konusu olur. "Evrimsel süreç bu yakınlaşmayı bir aldatma deneyimi olarak saymamaktadır" diyen birine kesinlikle inanma. Tabii ki sarhoşken, kendinde değilken başkasıyla birlikte olmak da aldatmaktır. Bu şakadan sonra biraz toparlanman için sana zaman tanıyorum.

Sadakatsizlik sonrası yakalanan birinin senaryolar konusunda sınır tanımayan yaratıcılıkları tıpkı verdiğim şakalı örnekteki mantığa benziyor aslında. Bana olduğu gibi eminim sana da ilginç geliyordur.

Bir insan aldatıldığında sadece hayatındaki insanı kaybettiği için üzülmez. Hayal kırıklıklarına, verdiği emeklere, geçmişte yaşanılanları "kendine özel sanmış olmasına" üzülür. Yani aslında çoğu insan ilişkisi bittiği için yıpranıp perişan olmaz, bir daha sevemeyeceğini düşündüğü için üzülür. İşte bu yüzden ilişki bitse de bitmese de en sık kullanılan cümlelerden biri "Bunu bize neden yaptın?" olur. Aldatılan kişinin gelecek ilişkileri, güveni ve en önemlisi insanlarla ilişki kurma konusunda bildiği çoğu şey yıkılır o an. Bu bir travmadır tabii ki çünkü **travmaların en önemli yanı gelecekle ilgili planların değişmek zorunda kalmasıdır**. Artık inandığın şey, üzerine bir gelecek inşa edilebilecek kadar sağlam değildir. Bu yıpranma bir tedavi olma biçimidir. Yeni şartlara alışmak zor ama gerekli hale gelir. Yani **giden başkasını bulur, kalansa kendini.**

"Her bunalım kişinin
daha önce inandığı şeye
inanmamasıyla başlar."

– Richard Sennett

Tam burada çok sevdiğim bir çizgi filmden çok anlamlı bir alıntı yapmak istiyorum:

Süngerbob bir gün yakın arkadaşı Patrick'e soruyor: **"Ya bir gün güvenini kırarsam?"** Patrick cevap veriyor: **"Sana güvenmek benim kararım. Yanıldığımı kanıtlamaksa senin seçimin."**

Aldatılan insanlar, güvensiz ve hazırlıksız haliyle baş başa kalmak zorunda kalır. Daha hazirlıksız olurlar. Hatta ilginçtir ki bu süreç kayıp yas aşamalarıyla çok benziyor. (İyileşme aşamaları bölümüne bakabilirsin.) Tıpkı içten içe işlemeyen bir sistemin arıza lambası gibi.

Neden aldattı? İhtiyacı mı vardı? Sorun bende mi?

Aldatılan kişilerde olaylar sıcağı sıcağınayken karşılaştığım en kuvvetli savunma mekanizması, partnerlerinin aldattıkları kişi tarafından kandırıldıklarını düşünmeleridir. Çünkü "kandırılan" bir partner, "aldatan" bir partnerden biraz daha az can acıtır(!) Kısaca bu kişinin amacı gerçeklerin acısına dayanabilmek için alternatif tanımlamalar aramaktır. Tıpkı yas evrelerindeki "pazarlık" aşamasında yer alan soruları sorarak, sebebini anlamlandırmaya ve acıyı yatıştırmaya çalışırlar. Hatta bazı insanlar gizli gizli aldatıldıkları kişilerin sosyal hesaplarına bakma eğilimindedirler. Eşlerinin o kişide ne bulduğunu anlamaya çalışırlar. Yani yaptıkları şey aslında eşlerinin içdünyalarına inme çabasıdır.

Aldatıldıktan sonra ilişkiye devam edebilir misin?

Tabii ki edebilirsin. Çalan her telefonda aklının bir köşesi kurcalanacak, mesela dışarıya markete gitse "Acaba?" diyeceksin. Gün geçtikçe yavaş yavaş geçmişten parçalar oturmaya başlayacak yerine. Uyurken onu seyredeceksin, bir yanın kızacak, diğer yanın üzülecek. Sonra yavaş yavaş tepkilerinde kendini tutamadığını fark edeceksin. Küçük şeylerden büyük kavgalar başlayacak ve öyle tepkiler vereceksin ki artık ilişki yürümez hale gelecek. İşin enteresan kısmı belki de bu sefer ilişkiyi o bitirmek isteyecek ve sorun senin aşırı tepkilerin olacak. Yani suçlu sen olacaksın. Bu yüzden bazen zamanında vermen gereken kararlar (yani doğru seçimlerin) ilerideki toksik durumlardan seni korur. Aslında konunun özeti şu: Kalbinin gidemediği bir ilişkinin öcünü ruhun şekil değiştirerek alır. Yani asıl soru o senin yeni halini kaldırabilecek mi?

ACİL DURUM SİNYALLERİNE DİKKAT!

Aldatılma meselesini bir tür zehirlenme vakası gibi düşün. Bir besini yedikten sonra vücudun birtakım sıra dışı sinyaller vermeye başlamışsa kusman gerektiğini bilirsin, hatta kusacağını hissedersin. Zehirlenirsen, bedenine aldığın olumsuz etki, vücudunun alarm mekanizmasını acilen devreye sokar.

Nasıl ki ağrılar vücudun en önemli savunma sinyaliyse, ilişkide de yaşanan bir ağrı, yolunda gitmeyen şeyler olduğunu gösterir. Eski düzenin devam etmemesi gerektiğinin sinyalidir bu. **Aldatmak bir hata değildir, aksine, ifade edilemeyen isteklerin bir sonucudur.** Çoğu insan terapilere aldatmayı çalışmaya gelir fakat burada çalışılması gereken her zaman "ilişki"dir. **İnsanlar değil, ilişki hastalanır.** Birinin "önemsiz bir kaçamak" olarak gördüğü şey, diğeri için koskoca bir hayal kırıklığı olabilir. Burada yaşanan değer ayrılıkları kendini muhtemelen öncesinde de belli etmiştir fakat yıpratıcı sonuçlarla karşılaşana kadar fark edilmeyebilir. Bu yüzden şunu da söylemek gerekiyor: Aldatan kişi açısından yaşadığı deneyim, o kadar da önemli olmayabilir.

Bu yüzden çoğu çift çözümleri çıkmaz sokaklarda arıyor. Mesela görüşmelerimde şu soruyu soruyorum: "Seni gerçekten sevdiğini bilsen affeder misin?" Bazı insanlar bu soruya evet diyor. Çünkü sevildiğinden şüphe ettiği için acı çekiyor. Burada sorulması gereken en önemli soru şu: "Böyle mi sevilmek istiyorum?" Bana soracak olursan "sevgi" bir ilişki için gerekli ama yeterli değildir.

Aldatılanlar için toparlanma rehberi

1. Kendini suçlama: Kimse aldatılmasının sebebi değildir. İhanet aldatanın seçimidir.
2. Aldatılan çoğu kişi, aldatıldığı kişiyi stalklama isteği yaşar. Aslında orada görmek istediği şey üçüncü şahsın saçı, tarzı, yaşam biçimi veya nerede ne yaptığı değildir. Kişi orada partnerinin içdünyasını merak eder. Neyi ve neden seçtiğini, aslında partnerinin kim olduğunu ve gerçekte ne istediğini yeniden sorgular. Kısacası aradığın cevap, baktığın yerde değil. En azından orada vakit kaybetme.
3. Aldatma sonuçtur. Sorun her zaman "dile getirilmeyen bir neden"den kaynaklanır. Yani asıl neden, partnerinin ilişki hakkında söyleyemediği beklentileri olabilir.
4. Seni yargılamayacak ve durumu objektif değerlendirecek birine ya da birilerine ihtiyacın olabilir. Yönlendirilmeye fazlaca açık olduğun bir dönemde olabilirsin. Bundan kaçın. Unutma, aldatılmak bir sinyaldi, sistemin nerede sıkıştığını bulmak için dürtüsel kararlar vermemelisin. ÇÜNKÜ ALDATILMA DENEYİMİNİ DOĞRU ANALİZ EDEMEMİŞ BİRİ FARKLI İLİŞKİLERDE YİNE AYNI ŞEYLERİ YAŞAYABİLİR.
5. Ayrılsam mı, ayrılmasam mı diyerek kendine yükleniyorsan, henüz bir karar vermek zorunda değilsin. Üzüntü, şok veya öfke gibi duygu durumlarının yaşandığı sırada verilen kararlar çok da sağlıklı olmayabilir. Fırtınanın geçmesini bekle. Daha sağlıklı değerlendireceksin.

Bir ilişkiyi yeniden değerlendirmen gerektiğini ne zaman anlarsın? Bunun çok basit bir yöntemi var. Hatta basit bir matematik işlemiyle bile tarif edebilirim.

Kendinden onu çıkarınca geriye sıfır kalıyorsa, bir şeyler ters gidiyordur.

Onunla ilgilenmek dışında yapacak bir şeyin kalmadıysa, bir şeyler ters gidiyordur.

İlişkine ve işine ayırdığın alanlar dışında, kendine özel bir alanın kalmadıysa hayatında, bir şeyler ters gidiyordur.

Meslek hayatım boyunca saptadığım önemli konulardan biri nedir biliyor musun? Mutsuz insanların çoğunun ortak noktası, kendilerini gerçekleştiremediklerini düşünmeleri. Yani kendilerinden beklentilerini, potansiyellerini yeterince değerlendiremediklerini, hak ettikleri değeri göremediklerini düşünüyorlardı. İnsan psikolojisi, en önemli ihtiyaçlarından birini karşılayamayınca kendine kızmaya ve bir savunma mekanizması olarak ilkönce çevreyi suçlamaya başlar.

Kendi hedeflerini gerçekleştirmek istesen de o olmadan bir şey yapmak gelmiyorsa içinden, ilişkideki "kendini" tekrar değerlendirmelisin çünkü yavaş yavaş kendine kızmaya başlayabilirsin. Unutma, insan aldatanın ihanetini atlatabilir fakat kendine olan kızgınlığının geçmesi çok da kolay olmayabilir.

"Ortada hiçbir şey yoktu, her şey çok güzeldi" cümlesi, benim terapilerde duymaya çokça alıştığım bir cümledir. Sadece başka bir partner arayışı değildir mesele, ilişkiyle ilgili beklentileri çarpıtarak söylemek bile aldatmaya sebep olabilir.

Beklentileri Konuşabilmek

İlişkideki beklentilerini söyle(ye)memek, dengesiz davranışlarla kendini gösterir. Günümüzde çoğu ilişki karşılıklı beklentilerin konuşulmadığı için hayal kırıklığı ile bitebiliyor. Bir taraf sadece seks istiyor, diğer tarafsa bağ kurma arayışında. Sadece seks isteyen, istediğini alabilmek için bağ kurmak istiyormuş gibi görününce, bağ kurmak isteyen biri gibi davranmıyor haliyle. Bu yüzden karşı tarafın kafası karışıyor. Aslında bu kişileri hemen tanıyor, hemen anlıyorsun. Bir yanın "Acaba mı?" diyor ama genelde duymazdan geliniyor bu ses. Hatta bu kaygıdan kaynaklı bazı krizler bile çıkıyor arada ama yine de anlamak istemiyorsun, anlamamayı tercih ediyorsun çünkü büyünün bozulmasından korkuyor olabilirsin.

Beklentilerimizi konuşamadığımız ilişkilerde mutsuz oluyoruz. Bu yüzden birbirinin arkasından iş çeviren çok insan var. Herkes istediği ilişkiyi yaşamak istiyor ama isteklerini konuşmaktan çekiniyor, korkuyor veya düzeni bozmak istemiyor ama sonuç olarak istekler şekil değiştirerek kontrolsüz şekilde açığa çıkıyor günün sonunda ve sonrası kontrol edilemez oluyor.

Not: Bir ilişkiden ne beklediğini bilmeyebilirsin hatta ilişki bile istemeyebilirsin. Bu yüzden HAYATIMDA BİRİ OLSUN diyerek başladığın ilişkiyi belki de aslında istemediğinden dolayı huzursuzluk yaşıyor da olabilirsin. Kısacası bir şeyleri oldurmaya çalışmadığından emin ol. Ne beklediğini bilmiyorsan bile, ne istemediğini biliyorsun. Herkes ilişkinin başında bütün sinyalleri verir ama bazen umursamayız, belki umursamamayı tercih ederiz.

Sinyalleri yakalamak için işine yarayabileceğini düşündüğüm bir iki bilgi aktarmak isterim:

Mesleğimde çok faydalandığım kritik bir analiz bilgisi paylaşacağım seninle. Tanıştığın insanlarla geçireceğin ilk dakikalar, onlarla ilgili çok bilgi sızdırır aslında. Mesela seanslarımdan birinde, ilk dakikalarda çantasını nereye koyması gerektiğine bir türlü karar veremeyen bir kadın, hayatının diğer bölümlerinde de kararları konusunda karışıklık yaşıyor olabilir diye düşündürür bana. Eğer aynı kişi kucağına bir yastık alarak konuşuyorsa *(ki ilişki kurulurken araya bir nesne koymak kendini daha rahat hissetmesine yardımcı oluyordur)* genel olarak insanlarla kurduğu ilişkilerinde de güven kurma aşamasında bir mesafeye ihtiyaç duyuyor olabilir. Başkası konuşmalarında çok dağınık olabilir mesela. Genellikle bu tip kişilerin terapiye başvurma sebepleri de yine bu özelliklerinden dolayı yaşadıkları olaylar olur. Yani aslında hepimiz kendimizi davranışlarımızla bir yerden belli ederiz, hem de ilk birkaç dakikada. Bazen bir restoranda bile ilk ve en önemli sinyaller kendilerini göstermeye başlayabilir. İlk kez buluştunuz ve senin patates tabağındaki ketçaba kendi patatesini alıp bandı diyelim. Bazılarına çok romantik bir davranışmış gibi gelse de aslında ilk buluşmadaki bu teklifsiz/destursuz müdahale, ileride sınırlarının ihlal edilebileceğiyle ilgili sinyaller içeriyor olabilir, göz ardı edemeyiz.

İşin formülü şu: Tanıdığın birine nasılsın diye sorduğunda mutsuz olduğunu gördüğün halde "İyiyim" cevabı alıyorsan ne yaparsın? Meseleyi didiklersin değil mi? Çünkü gördüğüne inanmışsındır aslında, duyduğuna değil.

Bu yüzden şimdi eline bir kalem al ve senin için hazırladığım boş sayfayı aç. Sayfanın orta yerinden boylu boyunca bir çizgi geçiyor. Sağ tarafa birlikte olduğun kişinin 5 özelliğini yaz. Sol tarafa ise ihtiyacın olan kişinin 5 özelliğini yaz. Çıkan sonucu karşılaştır, bakalım kafandaki kişi, karşındaki kişi mi?

NEDEN ALDATILDIĞIM HALDE GİTMİYORUM?

-Senden vazgeçmemek için kendimden vazgeçtim-

İnsan zihninin gerçeklerle baş etme becerisi olağanüstüdür. Bazıları meziyeti kişinin kendini kandırması diye adlandırsa da ben pek öyle düşünmüyorum. Daha komplike bir sistem olduğu aşikâr. Zamanında sumo güreşçileri, zorlayıcı antrenmanları sırasında yaşadıkları acıyı hissetmemek için meditasyon gibi zihinsel çalışma yöntemleri kullanarak, zihinlerini o andan, dolayısıyla acıdan uzaklaştırma antrenmanları yaparlarmış. Yani gerçeklik değişmese de, acıyı hisseden zihnin, eğer kişilik değiştirirse, acıyı hissetmeyeceği düşünülürmüş. Hepimiz başımıza gelen olaylarla kendimize verdiğimiz rollerle baş ederiz. Eğer zihnimizde bir rol dayanılamayacak düzeyde acı hissederse, diğer rollere geçiş yaparız.

Aldatılan insanlar genellikle şok tepkisiyle partnerinin aldattığı kişiyi suçlamaya meyillidir. Yani "O olmasaydı bizim başımıza bu gelmeyecekti" diye düşünürler. Durumdan kaçınırlar. O sırada zihin içten içe şunu söylemektedir: "Eşim aslında beni çok seviyor, tek suçlu eşime yaklaşan o kişi..."

Zihin bu cümlelerle "aldatan adamın karısı" olmak yerine "niyeti bozuk birinin ağına düşmüş bir adamın karısı" sıfatıyla rahatlamaya çalışır. Bu aşamaları iyileşme evrelerinde anlatmıştım. Kayıp ve yas süreçlerine benzer çünkü burada kaybedilen şey güvendir. Neyse devam edelim.

Şok aşamasının geçmesiyle yaşananlar daha objektif değerlendirilmeye başlanır. Böylece geriye sadece iki seçenek kalır. Ya ayrılık ya da rol değiştirmek. Şimdi daha iyi anlayacağız.

Örnek bir hikâye:

Merve terapilere geldiğinde eşi tarafından aldatılmıştı ve bu gerçekle baş etmeye çalışıyordu. Kendini çok sorguladı. Nerede hata yaptığını anlamaya çalıştı. Bir yanı çok öfkeli diğer yanı üzgündü. Eşine her baktığında farklı şeyler hissetmeye başlamıştı. Geçmişi sorguluyordu. Karşılığını veremediği için ayrılmayı düşünüyordu. Aklından geçenleri kendine yakıştıramadığı için çok öfkeliydi. Yaşanan tek bir yanlış diğer bütün doğruları sorgulatmaya başlamıştı ona. Bir süre sonra eşine karşı öfkesinin geçtiğinden, "ona üzülmeye başladığından" fakat bu sefer de evde hiçbir iş yapmak istemediğinden, eskisi gibi enerjik olmadığından bahsediyordu. Depresif hissediyordu. Terapisti Merve'de bir şey fark etti. Eşinden çocuğu gibi bahsetmeye başlamıştı Merve. Duygularından ziyade gerçekleştirmeye enerji bulamadığı sorumluluklarından bahsediyordu. Sorumluluklarının yorgunluğundan en çok kim bahseder, kim hatalarına rağmen şefkat gösterir birine?

Anneler değil mi?

Merve de giderek eşinin annesi gibi hissetmeye başlamıştı çünkü sadece bu role bürünürse eğer başa çıkabiliyordu yaşadıklarıyla. Çünkü problemin konusu aldatılmak değildi artık, yorgunluktu. Merve eşini çoktan terk etmişti, çocuğunun babasıyla birlikteydi artık. Tutunabildiği en makul dala tutunuyordu. Rolünü değiştirerek ilişkisinde kalmak için kendine alternatif bir yol bulmuştu.

- Aldatılma deneyimi yaşamış çiftler bir ilişkide kalabilmek için durumu olduğundan farklı algılarlar, bu yüzden gerçekliği değiştiremese de değerlendireni, yani kendilerini değiştirirler. Yani kısacası kalbin istediği şeye, beyin bir bahane bulur.
- Aldatıldığın ilişkide duruyorsan partnerini "sevgili" olarak çoktan terk etmiş olabilirsin.

Not: Ayrılma isteği bazen yaşadıklarının öcünü alma arzusu ile karıştırılır. Aldatan kişinin canını yakmak ve hissettiği acıyı karşı tarafın da hissetmesini sağlamak için çabalıyor olabilir.

"Kalbin istediğine
beyin bahane bulur."

ÖZLEDİN Mİ YOKSA YALNIZ MI HİSSEDİYORSUN?

Özlemek ve yalnız hissetmek, birbirinden farklı duygular. İkisini karıştırmamak lazım. Şimdi kötü hissettiğin için, mutluluğu en son deneyimlediğin yere dönmek istiyorsan, bu özlemek değil, aksine olumsuz duygularla baş edememek. Yani kendine şunu sor: DAHA MUTLU HİSSETSEYDİN, YİNE ORAYA DÖNMEYİ TERCİH EDER MİYDİN ŞİMDİ?

Eğer bu sorunun cevabı evetse ilişkiyi özlemiş olabilirsin ama genellikle bu iki duygu birbirine karışır, dikkat et. Eğer cevabın hayır ise "ona" değil "iyi hissetmeye" ihtiyaç duyuyorsundur. Bu iki duygu durumunun birbirine karışması geçmiş ilişkilerine farklı anlamlar yüklemene sebep olmuş olabilir. Asıl soru şu:

ONSUZ MUSUN, YALNIZ MI?

İÇİMDEKİ ÇOKSESLİ KORO

Herkesin içinde iki ses vardır. Biri yapmak istediklerini diğeri ise yapmak zorunda olduklarını fısıldar. Sorumluluklarımızın sesi genellikle yetiştiğimiz ortamdan yansıyarak ulaşır. Çoğumuz bu iki ses arasında kaldığımız için mutsuz oluruz çünkü hangisini seçeceğimize bir türlü karar veremeyiz. İkisinin de korkutan sonucu vicdan azabıdır. İnsanın kendi gibi olması süreci, bu iki sesin çatışması sonucunda gerçekleşir. Ben bu seslere "bekçi" diyorum.

Örneğin sorumluluk bekçisi genellikle yetiştiğin aile dinamiklerini devam ettirmek üzere bir rol üstlenmiş ve oynuyordur. Öğrendiği kuralları dayatıp duruyordur. Sorgulayan bekçinin derdi ise kendisine dayatılanlarladır. O da içerisinde bir umut ve öfkeyle kendisine verilmiş yol haritasını reddediyordur. Yaşamı farklı bir anlayışla karşılamak istermiş gibi. Zaman içerisinde öfkesini yönettiği kadar büyümeye de başlar, fakat sorumluluk bekçisini hiçbir zaman reddetmez. Bu iki bekçi, birlikte düşünmeyi öğrendikleri insanların zihinlerinde daha mutlu çalışırlar.

HERKES MUTLU OLSUN

Ebeveynlerimizle kurduğumuz ilişki ilerleyen yıllarda geliştirdiğimiz ilişkilerle çok bağlantılı. Mesela zorla yemek yedirilmiş bir çocuğun psikolojisini inceleyelim birlikte:

Zorla ağzına yemek tıkılan çocuklar, yetişkinliklerinde duygusal istismara daha açık olabiliyorlar. Duygusal istismar, başkaları tarafından duyguları kullanılarak bir insanı kontrol etme durumudur. Hani sevdiğin birine istemediğin bir şeyi kendini kötü hissetsen de yaparsın ya, eğer yapmazsan onu üzeceğini düşünürsün, öyle bir şey işte. Hatta sevdiğin kişi üzüleceğini, sana küseceğini veya seni aşağılayacağını açıkça belli ettiğinde, sen bütün bunları yaşamamak için kendini üzmeyi tercih edersin. İşte bu bir duygusal istismardır. Tıpkı yemek gibi. Çocuk da sevmediği bir yemeğe ağzını açarsa, yetişkinlikte psikolojik istismara açık hale gelir. Belki de çoğumuz istemediğimiz yemeklere ağzımızı açtık, şimdi de istemediğimiz duygulara kalbimizi açıyoruz.

SEVGİ ALMANIN YOLU

Diyelim ki yeni bir kafe keşfettin ve oraya gidiyorsun, üstelik sevdiğin herkes orada... Fakat kafenin ilginç bir kuralı var: AYAKTA DURMAK! Boş sandalyelere rağmen "Ayakta durmazsan içeride vakit geçiremezsin" diyorlar. İlk başta saçma geliyor ama sonrasında kafeye girip sevdiklerinle birlikte olmak istediğin için bu kuralı ne kadar yorulsan da sorgulamadan kabul ediyorsun. Yani orada olmak istiyorsan AYAKTA DURACAKSIN! Bizler de insan ilişkilerini geliştirirken ailemizde öğretilen kuralları başka ilişkilere taşıyoruz. Sevilmek için yapmamız gerekenler listesini hep cebimizde bulunduruyoruz. Başkalarının yanında oturup dinlenmemiz gerekirken ayakta kalmaya alışıyoruz. Bu işlevsiz kurallar zihnimize şöyle bir düşünce yerleştiriyor:

"DUYGUSAL OLARAK DEĞER VERDİĞİM İNSANLARIN, BANA DEĞER VERMEYE DEVAM ETMESİ İÇİN, İSTEMESEM DE ONLARIN BANA DAYATTIĞI ŞEYLERİ YAPMALIYIM."

Yukarıdaki cümle kendini başkalarının duygularından sorumlu tutan çocukların içdünyalarına ait.

Peki nasıl değişeceğim?

Yeni bir şekil almak için, önce kırılmak gerekir.

Travmalar sağlıklıdır!

İstediğimiz ilişkileri kurmak için ebeveynlerimizin bize tanıttığı dünya anlayışını yavaşça yıkmak veya şekillendirmek zorundayız.

Ebeveyn çocuk ilişkisi düşünürsek, ailesinin limanından hayatın açık denizlerine yelken açan bir çocuk açısından sevginin karşılıksız kalması, her çabanın başarıyla sonuçlanmaması, açık denizlerin limandaki güvenli denize benzemediği gerçeğiyle yüzleşmesi tabii ki travmadır. Travma kelime olarak ağır yaşantılar gibi algılansa da aslında inançların kırılma noktalarıdır. Ağır olan insanın inançlarını yeniden şekillendirmesidir. Yani senelerdir isminin Ahmet olduğuna inandığın birinin aslında gerçek isminin "Mehmet" olduğunu öğrenmiş olman da bir travmadır.

Örnek bir hikâye:

Selin çocukluğundan beri ailesi tarafından hep çok sevildi. Ailenin tek çocuğuydu, hepsinin en kıymetlisiydi. İyi niyetle çabaladığı her şeyin karşılığını alır ve davranışlarının devam etmesi için ailesi tarafından ödüllendirilirdi.

Ailesinden "aferin" alabilmesi için dersine çalışmak üzere masaya oturması bile yeterliydi. Fakat yetişkinliğinde bir işe girmesiyle birlikte ne kadar çabalasa da patronun kendisini takdir etmediğini fark etti. Görülmek ve onaylanmak için daha fazla çabalamaya başladı. Fakat çok yoruldu ve artık kızmaya başlamıştı. Bütün niyeti patronunun kendisinden beklentilerini karşılamaktı. Şaşırmıştı çünkü bir türlü ailesindeki gibi çabalarının karşılığı göremiyordu, aferin alamıyordu. Ayrıca erkek arkadaşından da ailesinde alıştığı ilgiyi göremediği için sevilmediğini hissediyordu. Hatta bu yüzden erkek arkadaşıyla sık sık kavga ediyor ve ayrı kalıyordu. Yani Selin ailesinin güvenli limanında hissetmeye alıştığı duyguları yetişkinlik hayatında bulamadığında kendini güvende hissetmiyordu.

Çok çabalamasına rağmen işten çıkarıldı ve sevgilisi tarafından terk edildi. Yaşadığı bütün bu olumsuzlukların kocaman bir HAKSIZLIK olduğunu düşünmeye başladı, çünkü dışarıdan görülmese de kendi içdünyasında sahip olmak istediği her şey için çok emek veriyordu. Kimsenin onu anlamadığını düşünüyordu.

İşvereni ve erkek arkadaşını tarif etmek için ortak bir kelime bile seçmişti: şerefsiz.

Sonra bir gün, bir terapistin kapısını çaldı. Başına gelenlere bir türlü anlam veremiyordu. Terapisti ona, daha sonra üzerinde çok düşüneceği bir şey söyledi:

"İnsanları ailenin yerine koyup, onları ailen gibi olmaları yönünde görevlendiriyorsun. Görevlerini doğru yapamadıklarında ise, onlara öfkeleniyorsun."

Selin o an bir ilişki kurduğunda sevdiği kadar sevilmediğini, emek verdiği kadar karşılık alamadığını kabullenme yoluna girmişti. Bunları kabullenene kadar ilişkilerini yüzeysel yaşamaya devam etti çünkü öncekiler gibi acı çekmek istemiyordu. Fakat artık cebindeki haritayla bulunduğu şehri gezemezdi. Hayat, haritasını güncellemesi için kendisine bir sinyal vermişti. Bir yanı hâlâ "Saf ve temiz sevgi yok mu?" sorusunun cevabını arıyordu. Değişti... Ama travmalarıyla değişti! Yeni kimliğine alışırken, kendi değerlerinden vazgeçmedi.

Kendimizi kötü hissettiğimiz anlarda genelde ne olur biliyor musun? Hayat görüşümüzü inşa eden aktörlerden güven, beklentiler ve doğru sandığımız yanlışlarla birlikte sahip olduğumuz bilgilerin çoğu değişir. Tıpkı yolun ve havanın şartlarına göre ayakkabı değiştirmek gibi... Evde terlikle gezebilirsin fakat yağmurlu havada taşlı yollardan geçmek için rahat olmayabilir. Eğer değişime izin vermezsen canın yanar ve biz insanlar, ayakkabı değiştirmemiz gerektiğine yola bakarak karar vermeyiz.

TOPARLANMAK İÇİN

- İçinde unuttuğun o kişiyi bul ve onunla vakit geçir. Emek verdiğin her şey büyür. Bundan önce sadece ilişkinin bahçesini suladıysan, kendi bahçendeki çiçeklerin solmasından şikâyet etme. Şimdi kendi bahçene özen göster.
- İlişkiler yıkılıp toparlanabilir fakat aynı kişiler olarak döndüğünüz bir ilişki aynı sonuca ulaşacaktır.

Tanıdığım veya birlikte çalıştığım bazı kişiler açısından aldatılmak, unuttukları şeyleri tekrar hatırlamak için bir dönüm noktasıydı. Aklında dursun.

Hiçbir şey yapmak istemiyor olmak önemli bir veri. Eğer böyle hissediyorsan, kitaptaki iyileşme evrelerinde hangi aşamada olduğuna ara sıra bak.

Çok sevdiğim bir ifade var: Ormanda yürürken bir yılan seni ısırıp kaçtıysa, onun peşinden gidip bunu hak etmediğini anlatmak yerine, hastaneye gitmelisin.

Yani aldatılan kişi çözümü aldatanı düzeltmekte arıyorsa zaman kaybeder. Alttan alta her şeyi neyin bu hale getirdiğini bulmak için ilkönce zehirlenmeyi durdurmak gerekir, yani önce kendinle ilgilenmelisin.

ON ADIMLI İYİLEŞME YOLU

-Her şeye yeniden başlamak isteyenler için-

On adımda değişim, yirmi adımda hayata yeniden başlayın, beş soruda sağlık gibi yüksek vaatli olduğu halde fazla kestirmeli içerikler bana hep eski magazin dergilerini hatırlatır. Ama yine de çoğu insanın daha kestirme yollara ve daha açık cevaplara ihtiyacı oluyor, bunu da kabul etmek lazım. Pratik yollar ve bilgiler bana hep çok iyi gelmişti, sana da iyi geleceğini düşündüğüm önemli hatırlatmaları aşağıya sıraladım:

1. Öncelikle değerinin bilineceği bir yerde olduğundan emin ol: İnsan bir yerde kabul edilmediğini hissettiğinde diğerlerinde de aynı şeyler yaşanacakmış gibi geliyor ama öyle değil. Lise zamanımda arkadaşlarım futbol konuşmayı çok severlerdi. Ben pek anlamam. Onların muhabbetine katılamadığım için bir süre iletişim becerilerimin zayıf olduğunu düşünmüştüm. Şu an binlerce kişiye seminerler veriyorum. Bence onlar da futbol konuşmayı tercih etmiyorlar.

2. Seni aşağı çeken insanlardan uzak durmaya çalış: Bazen bize en fazla zararı ne yazık ki en yakınlarımız verebiliyor. Farkında olsan da olmasan da çevrenden etkileniyorsun. Şimdiye dek doğru arkadaşlıklar kuramadığını düşünüyorsan en azından sana iyi gelmeyenleri hayatından biraz uzak tutabilirsin, çok zor değil. Göreceksin ağırlıklar azalınca yükselme başlayacak. Aynı kural seni hayatından uzaklaştıracak kadar kafa dağıttığın kişiler için de geçerli. Çok sevdiğim o cümleyi hatırlatmanın şimdi tam zamanı; Vazgeçebildiğin kadar varsın.

Not: Olumsuz etkilendiğin insanlarla arandaki ortak noktaları bul. Neden onlarla olma ihtiyacı duyuyorsun? Sokaktan geçen Mehmet Amca sende aynı etkiyi yaratabilir miydi? Belki de eleştiriyle gerçekçiliği birbirine karıştırıyorsundur.

3. Olumlu yorumları kabul et: Kendini geliştirirken eleştirmek önemli fakat bir yerden sonra çevreden gelen yorumları "Beni iyi hissettirmek için söylüyor" diye düşünme. Kabul et ki bazı konularda gerçekten iyisin. Hiçbir şey yapmıyorsan bile boş durmakta iyisindir. Yani kendine, hak ettiğin o hakkı ver.

4. Yeni şeyler dene: Yeni şeyler denemek alışılmışın dışına yani güvenli alanın dışına çıkmakla mümkündür. En doğru başlangıcı, yaptığın alışverişlerde, yediğin yemek ve izlediğin filmlerde yapabilirsin. Kendi tarzından uzaklaşmayı dene.

5. Tutkunu bul: Aşk ve tutku, anlamsız gibi görünen konularda insanın mesai harcamasına yol açan iki önemli kavram. Çalışan insanların hayal dünyalarına azıcık yakından bakarsak emin ol çoğu, yaptığı işin dışında bambaşka bir şey yapıyor olmayı hayal ediyor ve kim bilir bunun için nelerden vazgeçmeye hazır.

Şimdi işi gücü bırakıp tamamen tutkuna yönel demiyorum fakat tutkularının da hayatında bir yeri olmalı diyorum. Bundan yüz sene evvel yaşayan insanlara şu anki teknolojileri anlatsak emin ol çoğu "İmkânsız!" derdi. O dönemin işinde tutkulu insanları bu dönemin teknolojisi için tohumlar attılar.

Tutkularına yönelmeselerdi bugün bu şartlar oluşmayabilirdi. *(Bazen keşke demiyor değilim, orası ayrı konu.)* Eğer neye karşı tutkulu olduğunu bilmiyorsan ya da bulamıyorsan, ya yeterince denememişsindir ya da uzun süredir sadece yapman gereken işlere yoğunlaştığın için zihnin isteklerini ve tutkularını düşünmeye alışmamıştır, onları seçemiyor, algılayamıyordur. Yapman gereken tek şey aramak...

6. Mastürbasyon dışında tek başına yapmaktan keyif aldığın bir şey bul: Bence bu seçenek çok net.

7. İyi yaptığın şeyleri bul ve tutun: Çoğu insan yaşadığı zor dönemleri atlatabilmek için aradığı motivasyonu, gücü ve desteği iyi yaptığı şeyleri icra ederken bulur. Kime ne kadar güç ve motivasyon kazandırdığının bir önemi yok, mühim olan süreç içinde keyif alman, kendine iyi gelen şeyi iyi yapabiliyor olman.

8. Durmayı öğren: Bazen o kadar hızlı yaşıyoruz ki durmak zaman kaybetmek gibi geliyor. Kendimizden beklentilerimizin peşinden sürüklenip gidiyoruz. Geçenlerde şöyle bir şey okumuştum: **Durmak vazgeçmek değil dinlenmektir.** Bazı araç bakım servislerinin duvarlarında kocaman bir yazı yazar: BAKIMSIZ ARAÇ İNTİKAMINI YOLDA ALIR. Aynısı insanlar için de geçerli.

9. Başkalarıyla yapabileceğin ortak şeyler planla: İster plan yap ister bir proje oluştur. Ama unutma ki her şeyi tek başına yapmak zorunda değilsin, hiçbir yaratım süreciyle tek başına baş etmek zorunda da değilsin. Yardım almak, yardım etmek, ortak noktalar bulmak ve birlikte hareket etmek insana her zaman çok iyi gelir, bunu mutlaka denemelisin.

10. İyilik yap: Çok basit ama toparlanma sürecinde işine en çok yarayacak yöntemlerden biri, başkasına iyilik yapmaktır. Başkalarına iyi geldiğini fark etmek, dünyadaki güçlü ve değerli etkinle tekrar karşılaşmana fırsat verir, aslında kim olduğunla yeniden tanıştırır seni. Etki alanını keşfettiğinde bir şeyleri değiştirebileceğine dair inancın da artar. Hiç ertelememen gereken maddelerden biridir bu, bence hemen şimdi bir iyilik yap.

İYİLİKLE İYİLEŞ!

Bu bir kamu spotu değil tabii ki. Öyle göründüğünü biliyorum ama işin özü çok ciddi, çok da faydalı, hiç burun kıvırma. Kendini bir süredir kötü hissediyorsan, kamu spotu görünümlü bu maddeyi muhakkak hatırla. Danışanlarımda uyguladığım bir yöntemdir bu, senin için de açıklayacağım, denediğinde farkı fark edeceksin.

On adımlı iyileşmenin dokuzuncu adımı gerçekten önemli... Çünkü **insan başkasına olan etkisini fark ettiğinde iyileşir. Yani varlığının başkasının varlığına dokunuyor olması, kendilik algısına farklı bir anlam katar.** Kendi hikâyesinde verdiği mücadeleyi başkalarının hikâyesinde de desteklemek ve olumlu bir etki yaratmak iyileşmenin en etkili başlangıçlarından biridir.

Başkasının varlığına dokunmaktan söz ederken sadece insana odaklanma, çok daha geniş ve iyi düşün. Yaz sıcağında arabaların vızır vızır aktığı bir yolun ortasından karşıya geçmeye çalışan bir kaplumbağaya, susamış bir kediye veya ağzındaki cevizi bir türlü kıramayan bir kargaya da dokunabileceğini unutma. Kısacası insanın kendinden başka her canlının mücadelesine verebileceği destekten söz ediyorum aslında.

Sence yardıma muhtaç insanlara en çok ne zaman yardım ediyoruz? Kendimizi kötü hissettiğimizde değil mi? Kesinlikle öyle! İnsanın iyilikle iyileşmeye çabalamasının en güzel örneklerinden biri bu bana göre. Peki bu psikolojik sistemin altyapısı ne?

İnsan yaralandıkça kendisine dönen bir varlık. Zaman içerisinde yaralar taşıması yorucu hale geldiğinde kendi içine çekilir. Başka acılar çekmemek için kendi güvenli alanına konumlanır. Fakat zaman içerisinde çekildiği alanda hapsolur çünkü güvenlik arzusu diğer isteklerden daha ağır basar. Yani sadece defans oynar. Problemin çözümü asıl sorun haline gelmeye başlar. Bu durum bazen depresyon, bazen özgüven eksikliği veya çeşitli psikolojik sorunlar olarak tanımlansa da konfor alanına dönüşen o korunaklı kaleden çıkmak gerekebilir.

Peki sana soruyorum. "Hadi artık çık oradan!" diye seni çağıran insanlara rağmen, tehlikeli ve riskli ilişkilerin olduğu bir ortamda sen olsan kaleni rahatlıkla terk edebilir misin?

Sanmıyorum. İşte yöntemin işe yaradığı yer tam olarak burası... Kalenin kapısındaki küçük bir kediye su vermek, kalenin dışına çıkarak yara aldığın romantik ilişkileri tekrar kurmaktan daha tehlikesiz değil mi?

İnsanların çoğu kendi kalelerine "ilişkilere olan güvenlerini" kaybettiklerinden dolayı çekiliyorlar. Bu yöntem, iyi geldiğin bir şeyle yeniden ilişki kurmanı sağlayacaktır.

Sonuç olarak ilişkilerden yara aldığın için içine kapandığın bir dönemde uzun süre kaldıysan, evden çıkarken bir sokak hayvanına bıraktığın bir tas su bile kendin dışındaki biriyle etki alanını hatırlatabilir sana. İnsan böylesi dönemlerde en çok kendisiyle uğraşır fakat bir başkasına iyi geldiğini görmek kendine de iyi geleceğine inancını artırır.

Neler mi yapabilirsin?

1. Yardıma muhtaç bir hayvanı besleyebilirsin.
2. Geçmişteki sıkıntılarını çeken birilerine küçük de olsa yardım et. (STK aracılığıyla olabilir.)
3. Birinin geleceğe dair umudunu artırmasına yardımcı ol.

Not: Birine destek olmak sadece para vermek değildir. Sınavından kaygılanan bir öğrencinin duygularını paylaşmak, yaşlı bir teyzenin taşıdığı poşeti elinden alıp taşımak, hatta sadece dert dinlemek bile o an birine çok iyi gelebilir, kıymetli bir yardım sayılabilir. Elbette ettiğin yardımları kendinden eksilterek verme, çünkü AŞIRILIKLA YAPILAN HER "İYİ" BİR KÖTÜDÜR.

BELKİ DE ARAMAYI SEVİYORSUNDUR

Aradığı ilişkiyi bulamadığını söyleyen insanların ortak bir cümlesi var:

"Ömrüm boyunca ne yaptımsa aradığım insanı bulamadım."

Çoğunda yakaladığım ortak özelliğin ne olduğunu merak ediyor musun?

Aslında aramayı seviyorlar.

Onlar için hayatın anlamı aramakta, bulmakta değil...

Bir insana çekim hissetmenin sebebi, senin ihtiyacın olan bir şeye onun sahip olması olabilir. Geliştiremediğimiz özelliklerimizle hayatımızı birleştiriyoruz aslında. Mesela dokunmaktan veya kendisine dokunulmasından hiç hoşlanmayan biri hayatına temas bağımlısı birini alabilir. Böylece en büyük kazancı, dokunulma ihtiyacını karşı tarafa anlatmak zorunda kalmamak olabilir.

KENDİNİ ÇOK YORGUN HİSSEDİYORSAN

Kendini duygusal olarak fazla yorgun hissediyorsan, çabalarının karşılığını beklediğin ölçüde alamamış olabilirsin, çünkü girişimleri karşısında küçük de olsa zafer kazanamamış bir beyin, çabalamaya devam etmez. İster, arzular ama harekete geçmek için gerekli enerjiyi bir türlü bulamaz. Sonrasında "çok düşünme (overthinking)" kısırdöngüsünün içerisinde bulur kendini. Böylece girişimler, denemeler son bulduğu gibi, kalan enerjinin neredeyse tamamını düşünmeye aktarır. Yorgunluk halini artık denemekten vazgeçmiş bir beynin "planlama aşamasına takılması" olarak düşünebiliriz.

Uzun zamandır istediğin şeyler için harekete geçemiyorsan belki de hep yanlış şeyleri istiyorsundur. Mesela kilo vermeyi hedeflerken, spor yapmak zor geliyorsa sana, kilo vermeyi de istemiyorsundur aslında. Aynı şey para, okul, iş ve başarı için de geçerli... Etrafımız çalışmadan zengin olmak isteyen insanlarla dolu... Kısacası isteklerinle hedeflerini birbirinden ayır. Bu yüzden kilo vermeyi değil yürümeyi, başarmayı değil, sadece başlamayı hedefle!

HAREKET ETMEYEN, FAZLA DÜŞÜNÜR

Bir gün gezilerim sırasında Denizli'nin bir köyünde yaşlı bir teyzeye yol sormuştum, sonrasında sohbet etmeye başlamıştık. Yaşına göre oldukça dinç görünüyordu, bu işin sırrını ondan öğrenmek istedim tabii. O da bana "Saçların için bir şey yapamayabilirim ama diğer konularda yardımcı olurum" dedi. O pek gülmüştü bu lafına ama ben hiç gülememiştim. Şaka, şaka... Sen de biraz tebessüm ettiysen hikâyeye devam ediyorum.

Teyze, kendi hareketli hayatından bahsetmeye başladı. Odunları taşıdığını, tarlada çalıştığını, eşine baktığını anlattı. Koyunlarının her birinin ismini tek tek söyledi, onlarla ne kadar kuvvetli bir duygusal bağ kurduğunu anladım. Konuşurken ağzından şöyle bir cümle çıktı. "Hareket etmeyen düşünür psikolojik oğlum."

Gerçekten de öyleydi. Genellikle seans odalarında değişim isteyen fakat değişmek için harekete geçmek istemeyen insanlarla da çok karşılaştım. Bazı insanlar kafa karışıklığını durdurmayı hedeflese de bunu ancak zihinde akıllıca bir yöntem bularak başarmak isterler. Zaten asıl mesele zihinlerinde fazla vakit geçirmeleridir. Sen de zihninde fazla vakit geçiren biriysen birazdan seni aşırı düşünmeye iten faktörlerden ve bunlarla başa çıkabilmen için neler yapabileceğinden bahsedeceğim. "Hayat bisiklet sürmek gibidir, dengenizi korumak için devam etmelisiniz."

AŞIRI DÜŞÜNMEYE NEDEN OLAN DÜŞÜNCE TUZAKLARI

Ya hep ya hiç: Bir şey tam olmuyorsa hiç olmasın düşüncesidir, bu düşüncenin en büyük tehlikesi küçük adımları ciddiye almamaktır. Çoğu insan genellikle kazanım görmediği aktiviteleri devam ettirmez. Örneğin 15 dakikalık yürüyüşler onlar için spor değildir. Onlar tartıya çıktıktan sonra kilolarının eksildiğini görmek isterler sadece. Bu yüzden hayalleri için küçük çabaları göstermekte zorlanırlar. Şunu unutmamak lazım, ulaşmak istediğimiz yerde gördüğümüz herkes oraya istikrarlı küçük adımlarla vardı. Binlerce kilometre sürecek bir yol bile sadece tek bir adımla başlar.

Şunu deneyebilirsin: Her gün kendin için minik bir ritüel gerçekleştir. Hedefin kilo vermekse, evinde 7 dakikalık fiziksel esneme hareketleri yapabilirsin. Zannettiğin kadar kolay olmayabilir. Şu an bir su bardağını bin kez kaldırmanı istesem, yaklaşık yüz kez kaldırdığında bile elinde en az 10 kilo ağırlık varmış gibi gelebilir sana. Kısacası ulaşılması kolay hedefleri gerçekleştirmek kolaydır. Zor olan istikrarı sağlamaktır. Spor yapmaya geçen sene başlamış olsaydın, her gün 7 dakikadan 2 bin 555 saat spor yapmış olacaktın. Beklemeye devam ettiğin sürece kaybediyorsun. Hadi planını yap.

Mükemmeliyetçilik: Her şeyin mükemmelini isteyen biri, gerçekleştirmekten tedirgin olduğu şeyler için kendine zaman kazandırıyor olabilir. Yani bir nevi gizli kaygı yaşıyor olabilir. Mükemmeli isterken bir yandan ulaşılamayacak bir hedef belirlerler ki ulaşamadıkça konunun aslında başaramama korkusundan dolayı değil de mükemmeliyeti hedeflemekle ilgili olduğunu söyler. Yani bir nevi, başarısızlık kaygısının maskesi olabilir mükemmeliyet.

Şunu dene: Muhtemelen başkalarına verebileceğin çok güzel önerilerin, fikirlerin vardır. Kimin işe nereden ve nasıl başlaması gerektiğini çok iyi biliyorsundur. Bu yüzden kendin için ürettiğin fikirlerini şu an gördüğün mükemmel şeyler zamanında basit birer fikirdi.

Aşırı genelleme: Asla, daima, herkes, hep, hiç gibi kelimeleri çok kullanıyorsan dikkat! Aşırı genelleme bir güvenlik alanı yaratır ama diğer bütün ihtimalleri de engeller. Mesela sevgilinden ayrıldıktan sonra, bir daha asla mutlu olamayacağını düşünmek, aşırı bir genellemedir. Bütün ihtimallere karşı kendini kapatır, kötü de olsa yanlış da olsa tek bir ihtimale tutunarak, kendini güvenli alanda tutarsın.

Kendine emir vermeyi bırak: Bazıları ajandalarına "Bunu yapman lazım" diye notlar alırlar *(ben de onlardan biriydim).* Her ne kadar çok karıştırılsa da bu bir motivasyon cümlesi değildir. Kendimi daha iyi hissetmem LAZIM! Bu kadar düşünmeyi bırakmam LAZIM. Daha çok çalışmam GEREK! Bu destekleyici bir yaklaşım değil. Olumluyu yok sayan bir yaklaşım. Bunun yerine şunu deneyebilirsin mesela:

Bu sefer tavsiyeyi ben değil, ünlü fizikçi Isaac Newton verecek sana: **"Kütlesi olan her cisim (bizden bahsediyor) değişime direnecektir"** yani hareket eden şeyler hareket etmeye devam edecek, duran bir şeyse sonsuza kadar durma eğilimi içinde olacak. Koltukta oturmaya devam ettikçe oturasın gelir ya aynen öyle, üzerine ağırlık çöker, oturdukça oturur, artık hiç kalkmak bile istemezsin. Psikolojide de karşılığı var tabii ki. Canın hiçbir şey yapmak istemediğinde, zor da olsa küçük adımlar atmaya başladığında ne hissedersin? Tabii ki isteksiz hissedersin. Yani harekete geçmeye direnirsin ama bu küçük denemelerinde istikrarlı olursan tıpkı fizik yasasında da olduğu gibi durmaya karşı direnmeye ve ileriye doğru ivmelenmeye başlarsın.

1. Kendine isteklerin yönünde küçük hedefler belirle.
2. Yapılacaklar listesini oluştururken kendine karşı şefkatli ol. En önemlisi de net ve ulaşılabilir hedefler belirle.
3. Listene yeni hedefler ekleyip durma. Halihazırda belirlediklerini eritmeye ihtiyacın var öncelikle. Listeye sürekli yeni hedefler eklemek seni daha iyi hissettirmeyecek, kendinle barışmana destek olmayacak, tam aksine sırtındaki yükün hafiflemesine hiç izin vermediğin için ters tepecektir.

UÇLARDA YAŞANAN DUYGULAR

Trafikte öfkesinden deliye dönmüş ve bu duygusunu ifade edebilmek için iyice agresifleşmiş birini gördüğümde, bu kişinin aslında ne kadar da duygusal olduğunu düşünürüm hep. Duygusallıkla öfkelenmeyi bağdaştırmanın en güzel yolu, öfkenin de bir duygu olduğunu hatırlamaktır.

Terapi odasında karşıma insanlara güvenemediğini söyleyen biri oturduğunda, bu kişinin herkese karşı kontrolsüz bir güvene sahip olduğunu düşünürüm öncelikle.

"Her insan mutlu olamaz. Çünkü;
gereğinden fazla özler dünü, hak
ettiğinden fazla. Düşünür yarını ve
hiç hak etmediği kadar bilinçsizce
yaşar bugünü. Her insan mutlu
olamaz. Çünkü gereğinden fazla
özler hayatından çıkanları, hak
ettiğinden daha büyük umutla bekler
hayatına girecekleri ve asla göremez
yanı başındakileri."

– Erich Fromm

DOĞRU KAVGA ETME REHBERİ

Danışanlarım benimle tanışmadan önce onları tartışmalardan uzaklaştıracağımı düşünürler ama yanılırlar. Çalışma sistemimde insanların doğru kavga edebilmelerinden yanayım. Bu sözü söylediğimde birbirlerine şaşkınlıkla bakarak "Biz nereye geldik?" bakışları atan çiftler, en favorim. Şaka bir yana asıl problem gerçekten tartışamamaktır. Tartışamayan insanlar artık birbirlerine tahammül edemeyen insanlardır. Bir tartışmada içinizden karşı tarafı konuşturuyorsanız kavganızı önyargılarınızla ediyorsunuz demektir. Bu yüzden tartışma sırasında kesinlikle dikkat etmen gereken 6 konudan bahsedeceğim şimdi sana.

Susma patlarsın: Söyleyeceklerini bekletip durursan, bir gün gelir öyle bir patlarsın ki, kontrolü yitirdiğin için ne kadar haklı olursan ol karşı tarafın gözünde haksız duruma düşersin. Danışanlarımın deneyimlerinden dolayı çok iyi bildiğim bir konu bu. Bazen insan öyle fazla doluyor ki problem çıkmasın diye susmaya çalışıyor belki ama zamanla zihnine de düşüncelerine de karşı koyamaz hale geliyor. Bir tepki geliştiriyor. Karşısındaki neyi kafasına taktığını ne bilebiliyor ne de tahmin edebiliyor. Sadece bir su bardağını masadan kaldırmadığı için aşırı tepki gördüğüne inanıyor. Hiçbir şey yokmuş gibi davranmaya çalışırken, yüzünde herkesin görebildiği o somurtkan ifade, takıldığın şeyleri söylememeye çalıştığını belli ediyor. Bu yüzden ileride seni neyin patlatacağının farkındaysan, bunu şimdiden belli et olur mu? Duyguların, yüz ifadenden yeterince anlaşılmayabilir, riske etmeye değmez.

Neye takıldığını fark et: İçin huzursuz ama neye takıldığını henüz çözemedin. Kıskandın mı, şüphelendin mi, korktun mu? Bu duygulardan hangisi yaşadığın olaya saplanıp kalmana yol açtı? Bu teşhisi yapmak, tıpkı acil durumda itfaiyeye doğru adresi vermek kadar önemli. İtfaiyeye adresi doğru verirsen eğer, yangını söndürmek yolunda gerekli olan ilk ve en doğru adımı atmış olursun. Duygularının adresini bil ki başkasına tarif edebilesin.

Suçlama ve laf sokma: Laf sokmak insanın patlamadan önceki aşamasıdır. Aslında laf sokan için bir nevi durumu idare etmektir. Fakat laf sokmalar problem haline geldiğinde yaşadığın şeylerden ziyade göze batan iğneleyici konuşmaların olur. Bu yüzden dikkat et.

İşbirlikçi ol: Problemleri çözmek mi yoksa haklı mı çıkmak istiyorsun? İşbirliği halinde haklı çıkamazsın belki ama problemlerini çözebilirsin. Karar ver, mutlu olmak mı, haklı olmak mı?

Cımbızı sadece tüylerin için kullan: Karşındaki insan konuşurken sözlerinin arasında sadece tek bir kelimeye takılıp, konuyu başka yerlere taşıyıp götürme. Karşındaki insanı anlayabilecek kadar sakinleşmeyi tercih et. Eğer yeterince sakin olmadığını düşünüyorsan bunu ifade et ve konuşma.

Konuda kal: Konudan konuya atlayarak iletişimi tutarsızlığa sürükleme. Takıldığın konuyu ya da konuşmak istediğin meseleyi sonlandırmadan başka dallara sıçrayıp gitme. Bu konuda çiftlerin not almasını özellikle tavsiye ederim.

"PROBLEM NE?" YÖNTEMİ

Seanslarımda çiftlerle çalışırken iki tarafı da dinliyorum. Kimin hangi probleme öncelik verdiği benim için çok önemli, çünkü biri eşini düzeltmemiz gerektiğini düşünürken, diğeri eskileri halletmemiz gerektiğini düşünebiliyor. Hedef ve amaç aynı olmalı! Bu yüzden her ikisine de ilişkide problem olarak gördükleri ilk üç konuyu yazmalarını istiyorum ve şöyle soruyorum:

"Kendi psikoloğunuz olsaydınız ilişkinizde çalışmaya başlayacağınız ilk üç konu önem sırasına göre ne olurdu?"

Bu sorunun cevaplarını incelerken kişilerin benzer şeyleri yazıp yazmadığına dikkat ediyorum. Önem sırası tabii ki önemli, çünkü hangi tarafın hangi problemi ne seviyede algıladığını görebiliyorum bu sayede. Problemlerin büyümesinin asıl sebebi, aynı konunun taraflar arasında farklı önem seviyelerine sahip olmasıdır.

Şimdi aynı soruyu kendinize sorun, eşinizle cevaplayın. *(Listede benzer şıklar varsa her bir seçenek için önem seviyesini 10 üzerinden numaralandırabilirsiniz. 10 çok önemli-0 önemli değil.)*

Kendi psikoloğunuz olsaydınız ilişkinizde çalışmaya başlayacağınız ilk üç konu önem sırasına göre ne olurdu?

Konular	Önem Seviyeleri

ALMA-VERME DENGESİ

"Sen yanlış sevmedin, belki de senin için yanlış olan kişiyi sevdin."

Popüler psikoloji akımlarının çoğunda "Vermeyi kes" yönünde sayısız tavsiyeler duymuşsundur eminim. "Kendini kullandırma, kimseye hiçbir şey vermek zorunda değilsin, sen almayı hak edensin, vermeye layık değilsin, bundan önceki ilişkilerinde kendini kullandırdığın için insanlar üzerinde hak ettiğin etkiye sahip olamadın" gibi tek taraflı bir yaklaşım var ve anladığım kadarıyla çok da popüler. Danışanlarım çoğunlukla bu yaklaşımın arkasına sığınarak geliyorlar seans odasına. Fakat bir psikoterapist olarak tam tersini düşünmeme sebep olan bir soru geliyor aklıma ve tabii ki bu yaklaşımı savunanlara sormak zorunda kalıyorum:

Ya bu sensen, bunca zaman değiştirmeye çalıştığın alışkanlığın seni sen yapan özelliğinse ve bu zamana kadar yanlış kişiye karşı fazla vericiysen? Belki de konu senin vericiliğin değil karşı tarafın doymaksızın tek taraflı alıcılığıdır.

Düşünsene, insanoğlu karşısındakine faydalı olduğunda kendini daha iyi hisseden bir varlık. Fakat aynı zamanda bunu tek taraflı yaptığında ister istemez beklentiye düşen bir yapıya sahip değil mi? Yani her verici gizli bir alış beklentisindedir ki bu da son derece insanidir.

Mesela bir masa sohbetinde sadece karşındaki insanın üzerine yoğunlaşmış olabilirsin, fakat bir süre sonra kendi varlığını hiç ortaya koymadığın için hem kendine hem de karşındaki insana *(buna izin verdiği için)* içten içe kızabilirsin. Belli etmesen de, onu dinlediğin kadar, dertlerine çare bulduğun ve kendinden bahsetmeye fırsat bulamadığın kadar öfkelenmeye başlayabilirsin. Peki bunun çözümü ne? Hayatın boyunca hep başkaları için mi uğraşacaksın? Tabii ki hayır. Artık vericilerin gizli beklentilerini biliyorsun. Kendinden dolayı da biliyorsun. "Ben bunu karşılıksız yapıyorum" diyebilirsin fakat herkes düşünülmek de ister. Bu ihtiyacını bir kenara koyup, görmezden gelip sadece "ona iyi gelmenin bağımlısı" olmamalısın. Sihirli cümle: "Hep senden bahsettik biraz da benden bahsedelim."

Sonuç olarak **vericiliğini kesme**, **alıcılığını artır**. İlki kendinle kavga etmene, ikincisi kendine özellik eklemene yardımcı olur. Belki de senden fazla aldığını fark ettiği için seni durduran, kendine bunu yapmana izin vermeyen birine ihtiyacın vardır.

İlişkinin başında karşı taraftan bunu talep etmeni tavsiye ederim. Böylece onun için yaptıklarından keyif aldığın fakat talep etmesen de kendi üzerine düşenleri alması konusunda bir uyarıda bulunmuş olursun.

Kullanabileceğin örnek cümle:

"Ben sevdiklerim için elimden geleni yapmayı seven biriyim fakat bazen bunun dozunu kaçırabiliyorum. Hal böyle olunca içten içe sadece senin ihtiyaçlarına yöneliyorum. Fakat sonrasında kendimi çözemediğim bir u/mutsuzluk ve yorgunluk içerisinde buluyorum. Bu yüzden bazen beni durdur ve benim yerime sen geç. Hatta sana istemem, gerek yok, ben hallederim sen bırak diyeceğim. Bunları söylememe rağmen elimden bir şeyleri aldığında, sadece bana bırakmadığında kendimi daha değerli hissedeceğim."

Japon balıkları sen onları beslediğin kadar isterler, isterler, isterler ama sonunda bir yerde ne olur? Çatlarlar.

ZAMANE İLİŞKİLERİ SANA GÖRE DEĞİLSE...

Sevilme isteği... Herkes sevgi bekliyor, inkâr etmeyelim. Ama ilgi çekmek, sevimli görünmek, onaylanmak, beğenilmek için bütün enerjimizi harcarsak ve yaşamımızı sevilme isteğine tamamen odaklarsak, kim kimi sevecek? Herkes sevilmeye odaklanırsa, sevme işi kime düşecek?

Çoğumuz, kendimizden çıkamadığımız için bir başkasını sevebilme becerisi üzerinde hiç çalışmamış oluyoruz. Sevmenin ilk yolunun, kendini sevmekten geçtiğine inandırıldık hepimiz. Bu yüzden daha iyi giyindik, daha iyi göründük, önce kendi dertlerimize yöneldik ve en önemlisi bireyselleşmeye çalışırken daha da yalnızlaştık.

Sen herkesten kıymetlisin, önce sen varsın bu dünyada, kendine herkesten çok değer vermelisin, başka kimseyi umursamamalısın gibi kişiyi kendine odaklayan, yalnızlaştıran tavsiyeler, doğal olarak bizi birbirimizi görmeyecek hale getirdi. İnsanlık sevgi konusunda ümidini kaybetti. İlişkiler konusunda kendini yorgun ve umutsuz hisseden çok insan var.

Kişisel gelişim sektörü, umutsuzluğun, yorgunluğun çaresini yine kendine yönelerek bulmayı uygun gördü. "Bak içinde bir yerlerde huzur var ve sen o huzuru bulamadıkça mutsuz olacaksın." Bu cümle kendini kabul edemeyen, her sabah aynaya baktığında "göremediği doğrular" yüzünden beceriksiz hisseden insanlara sebep oldu. Kendi yetersizliğini üstünlükleriyle kapatmaya çalışan insanlar çoğaldı. Bunlar sana bir yerden tanıdık geliyor mu?

Bingo. Tam üzerine bastın. Tabii ki narsisizm!

Böylece dünyanın hep kendi etrafında dönmesini isteyen, etrafındaki insanlara kendini mutlu etme görevini vermiş, hassas ve kırılgan benliklerini saklamak için kalın duvarları olan ve sadece kendileriyle ilgilenen sayısız insan türedi. Halbuki insanoğlu sosyal bir varlık ve en önemli özelliği ise etki alanını keşfetmek. Yani bir başkasına faydalı olabildiği her alanda kendini değerli hisseden bir zihin yapısına sahibiz. Kısacası başkasına iyi gelerek, kendimizi iyileştirebilen canlılarız.

Şimdi yine soruyorum, herkes alacaklıysa, bu borcu kim ödeyecek?

KORKULAR YÜZÜNDEN

Kendine en büyük korkunun ne olduğunu sor. Muhtemelen verdiğin yanıt hayatında alamadığın çoğu kararın arkasındaki sebep olabilir. En büyük korkusu sevdiklerini kaybetmek olan birinin hayattan istekleri sence neye göre şekilleniyordur? Tabii ki sevdiklerini kaybetme korkusuna göre.

Maddi konuda çaresiz kalmaktan korkan biri, tabii ki onu ileriye taşıyacak yeni girişimlerden hep uzak durur çünkü risk almak maddi kayıplar yaşama ihtimali demektir onun için. Yalnız kalmaktan korkan biri, sence ne yapar? Şartlar ne olursa olsun yaşadığı ilişkiyi bir şekilde devam ettirir, bedeli ağır da olsa sonlanmasına izin vermez değil mi? Sonuna kadar dayanır, kendine kızmaya başlasa bile bitmesi gerektiğini içten içe bildiği halde o ilişkiyi sürükleyebilir. Terk edilmekten korkan biri, kurduğu ilişkilerde, işinde ve arkadaşlıklarında üzülmemek için bağ kurmaya çalışır ve kendine yeni problemler yaşatabilir değil mi?

Kısacası hepimiz en çok korkularımızla sınanırız ve muhtemelen en büyük gelişimi de yine tam orada gösteririz.

ARTIK KENDİN İÇİN

Kendi hikâyende verdiğin mücadeleler sonucunda değiştirebileceğin tek kişinin kendin olduğunu fark ettiğin bir evredeysen, **artık kendine iyi gelmek istiyorsan**, değiştirmeye çalıştığın şeylerden yorulduysan ve artık kendim için diyorsan, bütün bu hislerin, şu an bu kitaba denk gelmenin sebebi olabilir.

Seans odalarında yıllarca gözlemlediğim kadarıyla insanın yeni macerası **Artık Kendin İçin** dediği noktada başlıyor.

"Artık kendim için" diyebilen herkes, kendi mücadelesinin direksiyonunu eline almış demektir.

Bu kitapta farklı yerlerden serüvenine dokunacak birçok psikolojik bilgiyi bir araya getirdim. Bazen karşında bir terapist, bazen de doğrularla canını yakan bir arkadaş gibi olacağım.

İyileşme sırasının nihayet sana geldiğini düşündüğün için ve bu yolculukta sana eşlik etmeme izin verdiğin için teşekkür ederim...

YİĞİDİ ÖLDÜR AMA HAKKINI VER

Bu not sana özel:

Kendine bu hayatı yüzlerce kez deneyimlemiş gibi davranma. Hatalarından sonra içindeki mahkemede kendine karşı adil ol. Çoğu insan hatalarına tahammül edemediği için denemeyi bırakıyor. Çünkü deneme olmazsa hata da olmaz. Akıllıca ama uzun vadede kendinle aranı bozan bir yapısı var. Mevlana ne güzel demiş: "Sen hareket ettiğinde diğer bütün uyuyan ihtimalleri harekete geçirirsin."

Bütün ihtimaller senin için bekliyor. Tahmin edemediğin yerlerde, tahmin edemediğin zamanlarda...

"Bir insanın mutluluğu, olduğu
kişi ile olmak istediği kişi
arasındaki mesafeye bağlıdır."

-Bırak duygular sendeki görevini yapsın-

Sıkılmışlık bir değişimin sinyali olabilir. Öfke ise istemesen de tahammül ettiğin bir şeyin habercisi. Duygulardan kurtulma ya çalışmadan bu sinyalleri değerlendir. Neye/niye tepki verdim? Neyi istiyorum/istemiyorum? Bunların hiçbirini bilmiyorum diyorsan, belirsizliği kabul et. Her şeyi anlamak zorunda değilsin.

-Mücadelene saygı duy-

Daha önce kimse senin yaşadığın şeyleri yaşamadı. Benzerleri belki yaşandı ama senin şartlarında asla yaşanmadı. Herakleitos demiş ya: "Aynı nehirde iki defa yıkanamazsın."

Yani nehir aynı görünse de içindekiler daha önce yaşanan hiçbir şeye benzemiyor. Bu yüzden bu kitap mücadelene destek olmak için yazıldı. Öğrenerek, gelişerek, nerede nasıl olacağını deneyimleyerek devam ediyor hayatın. Ben de kendi hikâyemde aynı yollardan geçerken senin deneyiminin bir parçası olmaktan mutluyum.

-Zamanı geldi-

Bir ilişkiden çıktığında kendinle ilişkini unuttuğunu fark ediyorsan, kendini hatırlamanın zamanı geldi. Yeni sen birçok şeyi yeniden deneyimledi ve artık farklı sonuçlara ulaştı. Buna büyümek diyoruz. Kendinden eski seni bekliyor olabilirsin ama değişen şartlarda değişmiş bir "SEN"e ihtiyacımız var. Ne demişler: Aynı sen, aynı yere çıkar. *(Bunu biraz önce uydurdum.)*

-Şimdi tekrar var olma vakti-

Başkalarını memnun etmek doğamızda var fakat bazen ipin ucunu kaçırarak başkalarının hayatını kendi hayatımız gibi yaşamaya başlıyorsak. Değişmeyeceklerini bile bile kendimizden eksiltiyorsak. Kendi doğrularımızı, sınırlarımızı bir kenara koyup "ilişki gereği" adı altında yok olduysak. Şimdi var olma vakti. Bu yüzden başka birine iyi geleceksen, en başta kendine iyi gel. Bu yüzden:

Artık Kendin İçin...

"Bu dünyada
bir yer kaplıyorsun.
Sen de hepimiz gibi
sıradan ve hepimiz gibi
sadece bir tanesin."

Bir gün
bir yerlerde
yeniden
karşılaşacağız
ve hayatına
bir şekilde
dokunacağım.

Not almak için bu sayfaları kullanabilirsiniz.

....

....

....

....

....

....

....

....

....

....

....

....

....

....

....